悪用厳禁!!

ほんとは誰にも教えたくない人間関係のトリセツ

12タイプの個性で心をつかむ！
人からも仕事からも好かれる究極の
コミュニケーション術

パーソナルシード
グランドマスターコンサルタント
名倉　正

ビジネス社

パーソナルシードって何？

パーソナルシードとは、古来より伝わる帝王学のデータを元に『個の種』である特性を導き出したものです。古来、帝王は生年月日から『個の種』の特性を知ることで国を動かし、民を掌握することを可能にしていました。

パーソナルシードは『個の種』という**一人ひとりの特性を知る人間分析学に行動力学、心理学、脳科学のエッセンスを取り入れた画期的なメソッド**です。

現在では、FacebookやYouTube、Twitter……などのインターネットを媒介としてコミュニケーションの場は世界へと広がり、多様化してきています。世界が広がっていくその一方で、新たに多くの悩みも生みだされてきました。

パーソナルシードをコミュニケーションツールのひとつとして取り入れることで、**対人関係で感じていた疑問や悩みを強味に変える**ことも可能となります。自分を知り、相手をよく理解し、しっかりとした人間関係を構築することで、自分や周囲の人がより豊かなライフスタイルを手に入れていくはずです。パーソナルシードを知り、使っていくことは、**自分はもちろん、仕事や家庭など周りの人の特性もつかむことができるようになり、スム**

ーズに人生を切りひらくことが可能となる有効な手段なのです。

人は特性をもって生まれてくる

パーソナルシードは大きく3つに分かれ、それらをさらに各4タイプに分けた12タイプが存在します（本書では割愛しますが、さらに細分化されて最終的には60のタイプに分かれることになります）。

十人十色の個性があるように、**人には生まれながらにもっている特性がある**のです。その特性をもって世の中で生活していくなかで、家庭環境や周囲からの影響によって、さまざまな個をつくり上げていきます。

つまり、同じベースがあったとしても、その人の生まれた地域、環境、言語、家族構成、友人関係など、周囲の影響により特性が変化することがあるということです。

しかし、その人が本来もっている特性を知ることは、より自然に自分らしく生きていくことが可能になるのは間違いありません。また、自分を取り巻く人々がもつそれぞれの特性を理解しながら柔軟に対応することができれば、**よりよい人間関係、スムーズな人間関係を悩むことなく、簡単に構築**することが可能になるはずです。

『悪用厳禁!!　ほんとは誰にも教えたくない人間関係のトリセツ』目次

パーソナルシードにはθシード、βシード、αシードの3つがある

パーソナルシードのもっとも基本的な分類がθ（シータ）シード、β（ベータ）シード、α（アルファ）シードの3分類です。名前の由来は、人間の脳波のθ波、β波、α波です。

θシード　θ波はゆったりとうとうとしている潜在意識の状態のときによく出る脳波。印象が柔らかで人柄を重要視するタイプからθシードとなりました。

βシード　β波は覚醒《かくせい》の状態でよく出る脳波です。もっとも脳波が速い状態でもあります。現実的な価値観をもつタイプということがβシードの名前の由来です。

αシード　α波は覚醒と睡眠の間の瞑想《めいそう》状態で出る脳波。直観力、ひらめき、集中力を発揮する能力が高いタイプということからαシードとなりました。

たとえば、各シードの違いは買い物ひとつにも表れます。θシードの人が、フラフラと目的もなくウィンドウショッピングをしている最中、対応してくれた店員さんの態度が非常によかったとします。**θシードの人は店員さんの人柄のよさで「買ってしまう」**人が多い傾向があります。接客態度のいい店員さんと友達のような感覚になり、店員さんを喜ばせたくて買うこともよくあることです。これが**βシードの人であれば「店員さんの態度だ**

同じ「ナットク」でも
こんなに異なる!?

けで買うことはない」人が多くなります。予定していないものを、意味もなく買うことはあまりありません。たとえ店員さんの態度がよくても関係なし。買うときは自分で買うと決めて買う。必要だから買うと実にシンプル。**αシードの人であれば、買う人と買わない人が半々ですが、買う場合は店員さんが「自分を喜ばせてくれたお礼に」**買う人が多い傾向があります。「苦しゅうないぃ～。余は満足じゃ」といった感覚です。店員さんがαシードを殿様・姫様扱いしてくれたことがうれしいのです。

逆に、店員さんの接客態度がメチャクチャ悪かった場合はどうでしょう。θシードの人は気持ちが大切ですから、当然、買いません。心ない人のすすめる商品など価値がないのです。βシードの人は店員さんの態度が悪かろうと問題なく買います。でも、あまりにも対応がひどく気分が悪いときは文句を言います。特に年齢が高い人ほど文句を言う傾向が強くなります。「何なのよ、ちょっと店長！　何なのよこの子は一体!?　冗談じゃないわよ！　えっ!?　そーゆーつもりで言ったんじゃないのよ。えっ!?　おまけしてくれるの？　まぁ～、いいお店だわぁ～」なんて文句を言いながらも現金な気質を露呈することも。αシードの人は、店員さんの態度が悪ければ、サ～ッとその場から立ち去ります。マイケル・ジャクソンよろしくムーン・ウォークでいなくなり、二度とその店には行きません。その店の前を通るだけでも鳥肌が立つので完全に記憶から消去！　という状態になります。

次ページから3つのシードを紹介しよう！

θシードはこんな人！

人のためになることが何より大事！

私は
シータ
です。

自分より相手を優先させる人

相手が第一優先なθシード。人のためになること、人の役に立つことが生きがいです。人の喜びが自分の喜びにつながりやすいという特徴もあります。

また、競争や争いごとを好まず、みんなと仲良くしたいという強い希望を持っているのも特徴的。そのためケンカの仲裁に入る人が多い傾向があります。**争いを好まないθシードですが、和を乱す人に対しては強気な態度**でのぞみます。

人に対しての気持ちを大事にするため、あからさまに「お金！お金！」と言う人は嫌いです。相手がどう感じるかを気づかいながら会話するので、ものをハッキリ言いすぎる人、デリカシーのない人も嫌います。

大切な
あなたの為に

気持ちが
大事！

とはいえデリカシーのない人を相手にしても笑顔で接することができます。**嫌いな相手やイヤだと思っていることでも顔には出さずに笑顔で対応できる**のがθシードの人です。

θシードの人をはげますときは、「一緒に頑張ろうね」と声をかけてあげてください。

1～10まで説明したい！　聞きたい！

θシードの人は起承転結、事の起こりから終わりまでを全部知りたいし、自分が説明するときも1～10まで順序立てて伝えたいと思っています。θシードの人自身が話すときには、「1でしょう、2でしょう、3でしょう、だから4で5なわけ、それで6で、7で、8で9、つまり10ということなのよぉ～。なるほどねぇ～」と、1から10まできっちりと経過をしゃべり、最後になってやっと10という結論を話します。ですから、3あたりまでしゃべったところで「でっ?」「何が言いたいの?」と、突っ込みを入れられてしまうことがよくあります。このように**θシードの人は話が長くなりがち**です。これがほかのシードの人にとってはストレスになることもあるのです。

θシードの人の話を聞くときは、話が長いなと思うことがあって

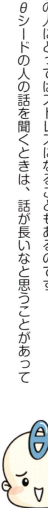

も、できれば最初から最後まで聞いてあげてください。

原理原則をつくり出す「ナゼナゼ星人」

θシードの人は原理原則をつくり出すシードで、**目的・価値・コンセプト・理由などが気になり、言葉に「なぜ?」が多くなる**傾向があります。別名「ナゼナゼ星人」！

ですから商品を選ぶ際には「なぜこの商品がこの世にあるのか」「何のために存在しているのか」「商品コンセプトはどういう感じか」「商品を作っている会社の存在意義は?」などの視点で選びます。

また、自分がやることは納得しなければ始められない傾向が強く、**スタートが遅くなりがち**です。**こだわりが強いこともあり、ムダが多くなりやすく**なります。相手の話を根掘り葉掘り聞きたがるのも特徴です。

θシードの特徴

嫌いなこと

●人から嫌われること●仲間はずれにされること●デリカシーのない人●「お金！　お金！」と言う人

よく見られる行動パターン

●気配り、気づかいをする●思いやりや協調性を重視する●ケンカや言い争いを避ける●常識的な行動をする●周囲と一緒に頑張る

他人にストレスを与えてしまうこと

●話が長い●ムダが多い●こだわりが強い

恋愛感情をもちやすい相手

●思いやりがあり、気配りができる人●人柄がよく、あたたかみがある人●自分を信じ、味方になってくれる人●愛情をたっぷり与えてくれる人●ウソをつかない人●無形財産（信用・信頼・人柄・実績・情報など）を大切にする人●理念や使命感、ポリシーのある人

好きなこと

●誰からも好かれること●お互いの気持ちがわかりあえること●周囲から頼られること●愛情で包み込まれること

物事を判断するための基準

●相手の人柄●相手との信頼関係●本物かどうか●コンセプトが確立しているかどうか

やる気が出ること

●使命感を感じるとき●疑問に対して答えを探すとき●自分にしかできないことがあるとき●愛されていると感じるとき

意識しやすい言葉

●信頼●信用●理念●ポリシー●使命感●徳●哲学●誇り●いい人●やさしい●なんでも知っている●ほのぼの●家庭的●一緒に

愛し方

●いつも一緒にいてあげる●共感してあげる●相手に好かれるように行動する●スキンシップを多くする●気配りをしてケンカしないように心がける

人生で目指す方向

●競争をせずにみんなと仲良くしたい●信頼しあえる人間関係を築きたい●使命感をもって人生を歩みたい●人格者、人柄がいいと言われたい

自分らしいと感じる環境

●信頼、信用されている環境●最新情報が手に入る環境●ほのぼのとしている環境●人脈が広がりやすい環境

得意分野

●競り合う必要がない先進的、革新的、独創的なこと●原理原則を追究する分野

このタイプの人への対応方法

●愛情で包み込むように接する●気持ちを理解してあげる●長い話でも最後までよく聞いてあげる●やさしい声のトーンで話す

βシードはこんな人！

自分のことが何より大事！

私は
ベータです。

ゴーイングマイウェイのβシード

自分が中心なβシード。みんなのため、人の気持ちが第一のθシードの人とは真逆です。でも、人の役に立ちたくないわけではなくて、自分のために頑張った結果として誰かの役に立てたらうれしい、と思っています。

　自分の世界があり、自分のペースが大事なのがβシードの特徴です。**βシードの人は自分のペースを乱されるのをとても嫌ってイライラ**します。何かに集中しているときに用事を頼まれても腰を上げません。ゴーイングマイウェイをとにかく貫き通したいタイプなのです。

　でも、言い方を少し変えるだけで、すぐに来てくれます。βシードにすぐ来てほしいときは、「お願いしたいことがあるのだけど、今やっていることの、きりのいいところで来てくれ

まずは
自分から！

自分の力で
頑張れ！

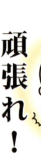

る?」という言い回しをすればOK！ これなら、自分できりのいいところを決められるので、その後、すぐに動いてくれます。βシードへのお願いごとは、βシード自身が自分のペースをつくれるような言い回しを心がけるのがポイントなのです。

思ったまんま、言葉のまんま

βシードの人が話をするときの特徴は、まず結論から話します。「結論は10、それはどういうことかというと、3、5、9、よって10。以上」といった具合です。とにかく簡潔。ビジネスライクというか、そっけないというか……。仕事中ならまだしも、恋愛中のラブラブトークだって同じなのです。お互いに慣れてくると「ビシ、バシ、サクッ」となります。

βシードの人は**思ったことをそのまま口に出す傾向が強く、ほかのシードの人からは言葉がキツイと思われがち**です。たとえば、相手の話が長すぎたりすると、「で、要するに何が言いたいの?」とハッキリ口にしてしまうのがβシードです。また同様に**言葉を言葉通りに解釈**するのも特徴です。ほめることが苦手で、ダメ出しが多くなるのもβシードに

多い傾向。逆にβシードの人をほめる場合、どこがどうよかったかを具体的に伝える必要があります。ただただ「すごい！」と言われても、βシードの人にはほめ言葉にならないのです。

そんなβシードの**気づかいは、〝さりげない〟のがポイント**。相手に気づかれないくらいがちょうどよく、心地よく感じるのです。言葉はキツイけど結構イイ奴なのがβシードと言えるでしょう。

損得が重要！

βシードは「損か得か」をとても大事にして、「自分のためになるか？」ということをつねに意識しています。何かを伝えるときは、βシードにどんなメリットがあるかを具体的に伝えるのがポイントです。

θシードは露骨にお金、お金と言えない人が多いのですが、βシードは**お金の話にとても敏感**です。費用対効果、コスパがいい、といった言葉が響きます。

βシードの特徴

嫌いなこと

◉自分のペースを乱されること◉やみくもにほめられること◉損をすること

よく見られる行動パターン

◉時間を有効に効率的に使う◉サービス精神が旺盛◉自分の体をフルに使う◉一生懸命に自分の力で頑張る

他人にストレスを与えてしまうこと

◉他人をほめない◉無理をする◉結果にこだわる

恋愛感情をもちやすい相手

◉お互いのペースを大切にする人◉信念や明確な目標をもっている人◉稼げる人、財産がある人◉実力があり結果を出している人◉本音で話す人◉大げさでない人◉押しつけがましくなく、さりげなくギブ＆テイクができる人◉タイミングを大切にする人

好きなこと

◉自分の力で稼ぐこと◉結果を出すために頑張ること◉無理をしてでも目的を達成すること

物事を判断するための基準

◉自分の満足感◉コストパフォーマンス◉ムダがないこと

やる気が出ること

◉具体的な夢があること◉頑張りを評価されること◉結果を出したときに得られるメリットがわかること

意識しやすい言葉

◉うれしいメリット◉結果を出す◉自分のペースで◉納得の収入◉働いた分だけの報酬◉プライベートを大切に◉実力者◉やり手◉個室◉コストパフォーマンス／費用対効果／役立つ

愛し方

◉相手のペースを尊重する◉自立を応援する◉大切なことは何でも本音で話す◉プレゼントをする◉気持ちが通じ合うよう心がける◉目配りをして、さりげないサポートをする

人生で目指す方向

◉自分のペースで自分の好きなことをしたい◉実力者、やり手と言われるようになりたい◉人と競争して人生の勝利者になりたい

自分らしいと感じる環境

◉好きなことができる環境◉自分のペースでできる環境◉ギブ＆テイクが可能な環境◉結果を正統に評価される環境

得意分野

◉効率性、生産性、収益性を追求する分野◉原理原則を具体的な形にする分野

このタイプの人への対応方法

◉ペースを乱さないようにする◉結論から話し、ポイントだけを伝える◉フィフティ・フィフティの関係で接する

αシードはこんな人！

その場の空気が何より大事

ピン！　ときちゃうのがαシード

直感力にすぐれているαシード。察する能力が高く、その場の空気感が何より大切。インスピレーション、可能性、雰囲気を重要視して、偶然も運命としてとらえる傾向があります。このため「もし少しでもピンときたなら、きっと偶然ではなく運命ですね！」などと言うと喜んで行動します。

物事を決めるポイントも「ピンとくるかどうか」。すべては直感で対処するのがαシード。**理由もなく盛り上がったり、盛り下がったりする**のも特徴。**その日の天候に左右される**ことさえあります。たとえば雨の日は気分が下がるし、夕日を見るとさびしくなったり……。ときに漠然とした不安感に襲われることもあるようです。

また、αシードはサプライズが大好き！　プレゼントをするときは派手な演出で喜ばせてあげましょう。たとえ同じものでも、受け取った場所が安い居酒屋なのか、夜景を見下ろす高級レストランなのかで盛り上がり方が大きく異なります。欲しかったものでも、安い居酒屋で贈られたものは安い居酒屋でもらった程度のものだし、欲しいものでなくても高級レストランで贈られたものなら高級レストランでもらった特別なものに自動的に変換されるのです。

1を聞いて10を知る

αシードは直感が鋭いので、**話を最後まで聞かなくても言いたいことがだいたいわかってしまいます**。「1を聞いて10を知る」という言葉は、きっとαシードの人の言葉ではないかと思うほど。頭に映像が浮かぶ傾向も強く、その映像を見ながら話をします。

αシード同士の会話は、「アレ」で通じることが多いのです。「この間のアレなんだけど」「あ〜、アレね。ちゃんとやっといたわよ」「そう。あ、それでアレは?」「アレはアレよ」こんな感じで、ほかのシードからすると何を言っているかサッパリ……、なんてことも日常茶飯事です。

言わなくてもわかるという感覚をもっているため、どうしても言葉足らずになるケース

が多くなります。また、αシードの人が話をするときは、「あのね、3なわけ、だから6なの、でも7もあるの、結論は10なんだけど、始まりは1で、5があって、4があって、まぁこんな感じかな」とバ～ラバラな話の展開になりがちです。

言葉よりも雰囲気やエネルギー！

αシードは大きな後ろ盾があると安心します。大手企業とかメジャーとか、バックボーンが大きいと自分が守られているとイメージしやすいのです。例えば、○○コンテスト優勝、○○大臣賞受賞、宮内庁御用達、といったコピーのついた商品を好みます。

αシードを**ほめるコツ、それは、感情を込めて「すごーい！」と言うこと**。何がどうすごいかなどを説明する必要はありません。αシードの人は雰囲気やその場のエネルギーを感じとるので、**言葉よりも表現やジェスチャーのほうが大事**といえるでしょう。

αシードの特徴

嫌いなこと

●ワクにはめられること●なかなか成功しないこと●デリカシーがないこと

よく見られる行動パターン

●先へ先へと考え心配りをする●「これだ！」というひらめきで即行動●要領よく振る舞う●一人で陰ながら頑張る

他人にストレスを与えてしまうこと

●ほめすぎる●気分にムラがある●時間にこだわる

恋愛感情をもちやすい相手

●甘えさせてくれる人●束縛せず自分を輝かせてくれる人●弱音をはかず、元気に明るく振る舞う人●気持ちを察し、心配りができる人●国際性が豊かな人●資格や地位、権力、権威がある人●自分の感性を大切にしてくれる人●周囲から認められた人●成功者

好きなこと

●周囲からの注目や認められること●堂々としていること●資格を取ること

やる気が出ること

●ピンときたこと●資格やキャリアを手に入れられること●すぐに問題を解決できること

意識しやすい言葉

●権威●権力●成功できる●ステータス●パワーがある●輝いている●光っている●すごい人●外資系●こんな資格が取れる

愛し方

●安心できるようにする●心配りや気持ちを察するようにする●好きに自由にできるようにする●いつも愛情で包み込む●甘えさせる●αシードを立てる

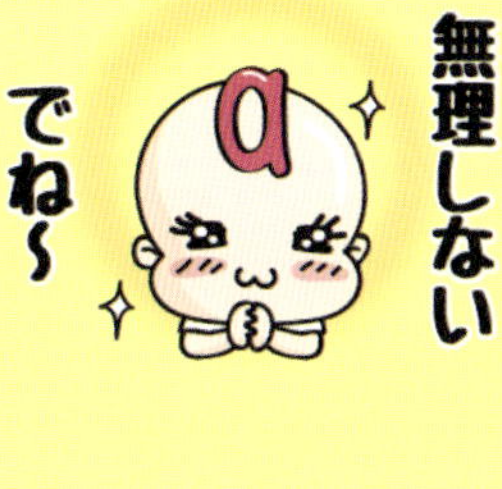

人生で目指す方向

●一目置かれるスケールとステータスが欲しい●大物、すごい人と言われたい●手っ取り早く成功したい

物事を判断するための基準

●安心できるかどうか●感性や心に響くかどうか●誰が使っているか

自分らしいと感じる環境

●立派で一流と周囲から認められる環境●細かいことを言わず任せてもらえる環境●肩書や権威がある環境

得意分野

●合理化、組織化、多角化、シェア拡大などをする分野●原理原則が形になったものを世の中に広める分野

このタイプの人への対応方法

●成功者と接するように一目おく●集中できるようにおぜん立てする●ほめて、立てる

3つのシードが細分化され12タイプに

θシード、βシード、αシードの3分類の特性を詳しく見ていくと、さらに4つのタイプずつに分かれ、全部で以下の12タイプに細分化することができます。

また、パーソナルシードは**「センターシード」「フェイスシード」「エマージェンシーシード」**という3つのシードで構成されています。

センターシードは、別名「本質」と呼ばれ、個人のおもな特性、その人のベースとなるパーソナルシードで、家族などの親しい人の前で表れやすい傾向があるのが特徴です。**フェイスシードは、「第一印象」**とも呼ばれ、完全には打ち解けていない相手に対して、見せたい自分です。おもに仕事のときや、対人対応のときなど、建前で接するような場面で出やすい傾向があります。最後の**エマージェンシーシードは、「隠れ」**とも呼ばれ、突発的な行動をとる場面で出やすい傾向があります。

ただし、これら3つのシードのどれが、どの場所やタイミングで強く出るかには個人差があります。

12のシードタイプ

θシードグループ	βシードグループ	αシードグループ
θ1　パイオニア	β1　ムードメーカー	α1　チャレンジャー
θ2　プロフェッサー	β2　リアリスト	α2　プラクティショナー
θ3　ナチュラリスト	β3　オリジナリスト	α3　ジーニアス
θ4　チェアマン	β4　ディレクター	α4　パーフェクト

個を表す3つのシード

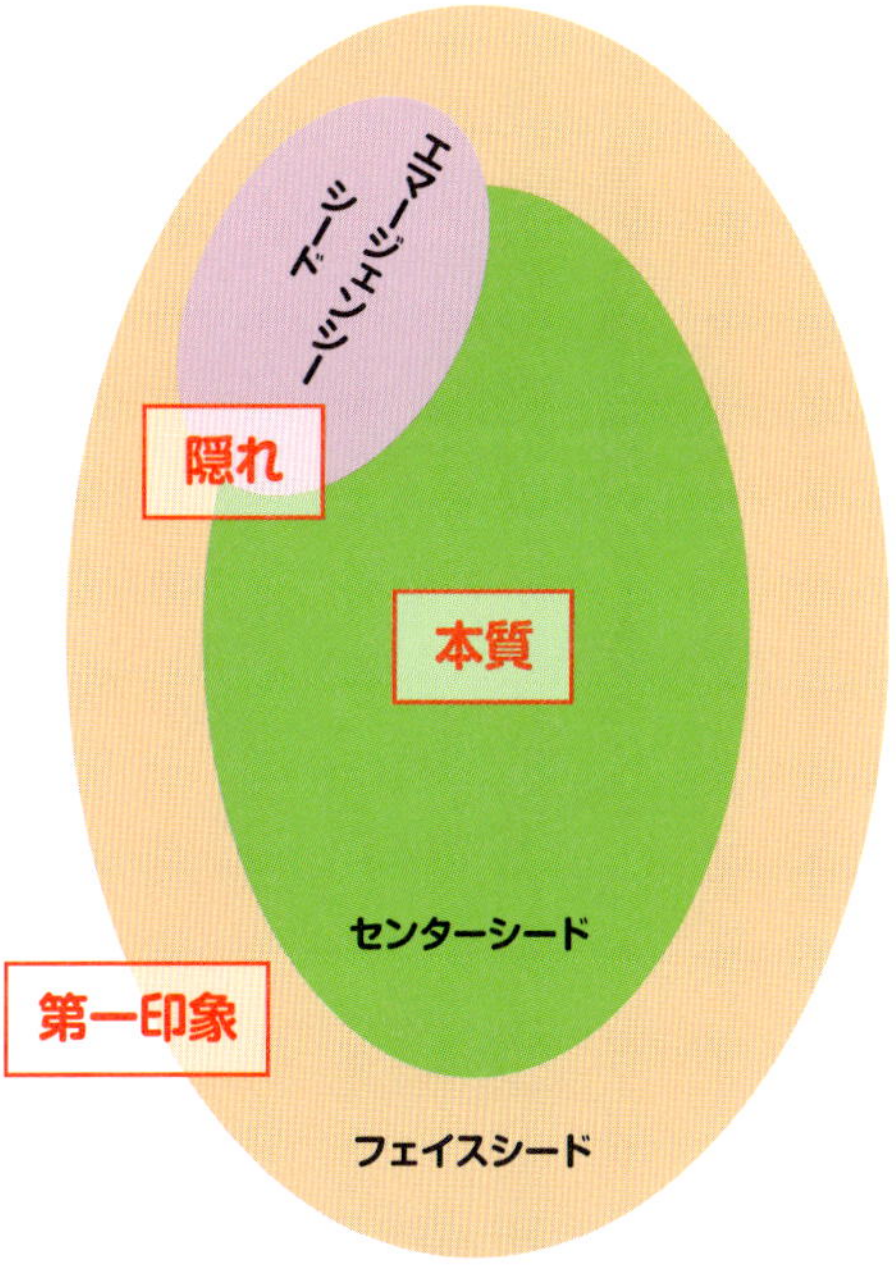

センターシード【本質】

一番自分らしく感じる性質

〈表れやすい状況〉心が開いている／重大な決断をする／気心が知れた人と一緒／好き嫌いを感じる／やる気が出る

フェイスシード【第一印象】

仕事などで人に見せようとする姿
こうありたい、こう思われたいと思う姿

〈表れやすい状況〉初対面のとき／恋愛の初期段階／周囲から認められたいと思うとき／緊張時

エマージェンシーシード【隠れ】

突発的な行動をとるときに
出やすい性質

〈表れやすい状況〉直観的に突発的な行動をとる場面／集中時／追い込まれたとき／何も考えずに無意識に反応しているとき

シードタイプによって意思疎通にも違いがある

パーソナルシードを深く学ぶとさまざまな人間関係の悩みの原因や改善のポイントを知ることができます。ひとつ例を挙げれば、**意思疎通の違いがわかる**のです。たとえば、Tさん夫婦のケース。θ3の奥さんが掃除をしたり洗濯をしてバタバタしていました。そのとき、β4のご主人はリビングで新聞を読んでいたのですが、奥さんが「あー、今日はすご～く、いい天気だわぁ。おふとんを干すには最高の天気ねぇ」と言うので、ご主人は新聞からチョット顔を上げて「ああ、そうだね」と答えました。奥さんはこの返事を受けて、後日近所の井戸端会議で、「ホントにうちのダンナは、ふとんも干してくれないのよねぇ」と、こぼしていたというのです。これは、どういうことなのか――。

θ3にとって「天気がいいからおふとんを干すのに最高」イコール「おふとんを干してちょうだい」ということなのです。でもβ4のご主人を含むβシードの人は結論から話し、簡潔です。そして「天気がいいね」「そうだね」と、言葉をそのままに受け取るのです。こんなこともあります。Mさん夫婦の場合、ダンナさんがθ3で奥さんがθ2。二人で始めたサイドビジネスなのに、奥さんだけが順調だったことで夫婦の関係がちょっとギクシ

体験談　**ともさん**（仮名）

今までは、自分と合わないな〜と思う人は、ただ単に波長が合わないだけだと思っていたけど、シードを勉強することで伝え方が違うんだと知った！

それを知るだけで、モヤモヤしていた気持ちやイライラ感がなくなりました♪ 距離が縮まっていない人でも、シードを拝見するとわかるので、すぐに距離が縮まり話も盛り上がります！

ャク。ダンナさんは少しだけ嫌気がさして「これは離婚するしかないなぁー！」と言ったのだとか。すると奥さんは素直に役所に行って離婚届をもらい、名前を書いてハンコも押して、ダンナさんに「はい、これ」と渡しました。するとダンナさんは「何もそこまでしなくてもぉぉ〜」と泣き出したというのです。不思議に思った奥さんが「あなたが離婚するしかないって言ったじゃない」と言うと、「俺はそこまで言ってない！」とダンナさん。つまり彼は**「何とか修復できないか」という意味で「離婚するしかない」と言った**のです。最後まで言わなきゃ意味が正反対になるのですが……。

これらをパーソナルシードで解明することができます。**θシードのθ1とθ2と全βシードの6タイプは、「言われた言葉をそのまま」解釈**します。一方、**θシードのθ3とθ4、全αシードの6タイプは「言われたことから察していく」**ため、察してもらいたいからこそはっきり言わないこともあるわけです。Mさんのケースで言えば、「言われたことから察していく」タイプであるご主人は奥さんに「離婚なんかしなくても大丈夫。一緒に乗り切ろうね」と言ってほしかったということです。「みなまで言わずとも察しろ」とまるで武士のようですが、特にθ3の男性は、自分の本意が相手に伝わらずにイライラして、ちゃぶ台をひっくり返す、今風に言うならキレる人もいる様子。同じθ3同士ならいいですが、ほかのシードタイプの人がθ3の言いたいことを察するのは至難の業です。でも、こ

親しい人のPSを調べて、
サークルに書き込んでみましょう。

122ページにパーソナルシードの調べ方を記載しています

体験談　**番匠崇博さん**

　ある親子の場合。やはり親子でシードは違い、会話もかみ合っていませんでした。お母様のシードはθ、息子さんはβ。「息子さんにこういう言い方してないですか?」の例を３つほど挙げましたが、すべてβの人が嫌う言い方でした（笑）。ちなみに母親θ、息子βのパターンは、本当は息子がお母さんを大好きだけど、回りくどいから邪気に扱ってしまう。親だから子どものことは全部わかっているつもりというのが盲点で、その再発見の場になる面談はいつも楽しみです。


れがパーソナルシードの達人になると、簡単に察することができるようになります。

　たとえば、パーソナルシードマスターコーチのR子先生の場合。θ3のご主人が「最近、太ったんじゃないの?」と言えば、その真意を自分のシードタイプがθ2にもかかわらず素早く察知。普通なら「あっ、そぉ、ちょっと食べすぎかしら」とか「やーねー言わないでよ」と反応するもの。ところがR子先生は「ごめんね。そうなのよね。最近、外食が多くて、なかなか家にいられないから。なるべく家にいるようにするから」と答える……。θ3のご主人の「太ったよね」に隠された本当の意味は、「外食が多いからだろ?」「もっと家にいてほしいな〜」「もっと家で食事を作ってよ〜!」ということだったのです。これはパーソナルシードを知らなければ、絶対にわからないことでしょう。

　本書では基本的な知識を紹介しますが、このほか、意思決定やタイムフロー（バイオリズム）、潜在能力などさまざまなことがパーソナルシードによって異なります。さらに詳しく知りたい人はパーソナルシードの講座への参加をおすすめします。

　まずは本書で家族や会社の関係者、あるいは苦手な友人、知人など気になる人のパーソナルシードを調べてみてください。**なぜケンカになるのか、理解されないのかなど、対人関係での疑問やイライラがすっきり解決**できるはずです。


次ページから12タイプを紹介していこう!

θ1 パイオニア

未公開情報・最新情報が大好きな『黒子的開拓者』

新しい道を切りひらいていくタイプで、**自分は前面に出ずに人や場を動かしていく**傾向が強いのが特徴です。先見の明があるため、**最先端のトレンドをリードする職業で力を発揮**します。たとえば、テレビ局のディレクター、舞台監督、モード雑誌の編集者などのように、影で仕切る仕事が得意です。

未公開情報や最新情報を好む傾向があり、**新技術、新商品と新しいものが大好き**です。時代の最先端の情報をキャッチして、まだ誰もやっていない革新的な仕組みを考えて実行します。たとえば、Ａｐｐｌｅの新製品の発売で店頭に並ぶ人、しかも徹夜してまで先頭に並ぶ人も多いでしょう。最初に手にして話題にしたいのです。ですから「新作、出ました！」のお知らせに非常に弱く、とりあえず全部買ってしまうという人もいるほどです。

また、θ1の人はいつでも青春まっただ中！　いくつになっても若々しくありたいという精神性をもち、**スマートでおしゃれな人、歳をとっても年齢不詳の人が多い**のが特徴です。青少年少女の気質があり、昨日より今日、日々新たな新鮮さを求めて生きていきます。

ＣＭに登場するようなおじいちゃん、おばあちゃんなのにやたらと若々しくファッショナブルでかっこいいという人たちは、間違いなく、センターシード、フェイスシード、エマージェンシーシードのどこかにθ1が入っているはずです。原動力となるキーワードは「このままで終わりたくない」「日々成長していきたい」。これらの言葉に弱く、そういうふうになっていけると思うとやる気が出てきます（θ2にも同じ傾向あり）。これもθ1の若々しさの理由のひとつかもしれません。

人のふところに入るのがうまくて勘違いされがち

大人になりたい背伸び願望とセンシティブな感性が同居しているのも傾向のひとつです。「まだ誰にも言ってないんだけど、一番初めにあなたに相談しました」などと言われるのがうれしいタイプ。逆にθ1がまったく興味を示さないのは、二番煎《せん》じ。また「みんなにはもう話したんだけど……」と自分が最後に聞く話であることがわかっただけで「そういう話だったら聞きたくない！」と取り合いません。これは私が会ったθ1の人ほぼ全員が「絶対そう！」と答えてくれました。

新しいものが好きで、フットワークが軽く、いつも笑顔でスマート。そのうえ、人のふところに入り込むのがうまいのも特徴です。**男女問わず人と仲良くなるのがとてもうまく、それもさわやかに軽やかにスマートにスムーズに仲良くなります**。これは長所でもありますが、一方で特に相手が異性の場合、困ることもあるようです。ふところに入りすぎることで、相手に勘違いをさせてしまい恋愛対象にされてしまうのです。θ1は恋愛感情もないのに、相手に「この人は自分のことが好きなんだ」と思わせてしまうわけです。θ1にとってはいろいろ話を聞きたい先輩や師匠のように接しているだけなのですが、相手は誤解することが多いので、トラブルを回避したいなら、気をつけたいポイントでもあります。

そのほか**大切という言葉をまさに大切にしている**のがθ1。「大切なことや人を大切にすることは大切」など頻繁に使う傾向があります。これはθ1だけでなく、θの人全体にある特徴ですが、特にθ1は強く出ています。

また、**話し合いやミーティングが大好きで、話し合いから自分のペースを作っていきます**。みんなを公平に扱い、人当たりがいいので、誰からも好かれる人気者でもあります。ただ、人当たりはいいのですが、自分なりのこだわりがあり、うなずいているようでうなずいていない、迎合しているようで迎合していない、そういうちょっと人にはわかりにくい面倒な面もあわせもっているタイプです。

男女別の特徴

♂ 男性

いつでも最先端でかっこよく現役を走り続けたいタイプです。プライドも高いので、出鼻をくじかれたり、スマートに進められないことは、かっこ悪いのですぐにあきらめてしまう傾向があります。

♀ 女性

柔らかな物腰のなかに、スタイリッシュで洗練された感性を感じさせるタイプです。つねに時代をリードすることを好みます。ナイーブなメンタルをもち、人からプライドを傷つけられるのは嫌い。正義感と芯の強さがあり、周囲には的確なアドバイスをします。

θ1 パイオニアの適職はこれ!

経営者、コンサルタント、ファッション誌編集者、開業医、ベンチャー企業、ディレクター、舞台監督 など

※外的要因などにより異なる場合もあります。

θ1 パイオニアの有名人

ビル・ゲイツ（Microsoft共同創業者）、**スティーブ・ジョブズ**（Apple共同設立者）、**柳井正**（ファーストリテイリング代表取締役会長兼社長）、**坂本龍一**（ミュージシャン）、**宇多田ヒカル**（ミュージシャン）、**堂本剛・堂本光一**（KinKi Kids）、**深津絵里**（俳優）、**ショーン・コネリー**（俳優）、**ロバート・デ・ニーロ**（俳優） など

θ1 パイオニアは
だいたいこんな人

特徴

日々新たな新鮮さを求めて生きる
大人になりたい背伸び願望と、センシティブな感性が同居している
スマートに周囲をリードする
話し合いから自分のペースを作る
いつまでも青春まっただ中。時代の最先端を行く

嫌いなこと

- 人前で恥をかかされること
- 乱暴な態度や強引な行動をとられること
- プライベートな問題に立ち入られること
- プライベートな時間にリラックスできないこと

好きなこと

- 話し合い
- みんなを公平に扱うこと
- 新商品、新情報を手に入れること
- 黒子的に振る舞いながら、全体をスムーズに進めること
- さわやかな人気者になること

物事を判断するための基準

- 新鮮な感覚があるか
- ハツラツとしているか
- リーダーシップがあるか
- 日々向上の精神があるか
- 協調性があるか
- 話し合いの精神があるか
- スマートさがあるか

自分らしいと感じる環境

- つねに新鮮なものに出会える環境
- 生き生きしていられる環境
- 時代の先端を走り続けるようなかっこいい環境
- リラックスできる環境
- 隠しごとがない環境
- スムーズに生きられる環境
- スタートダッシュよく進む環境

やる気が出ること

- 新鮮な感覚にひたることができること
- 人より一歩早く時代を先取りすること
- シャープな感覚をいかせること
- 日々向上できること
- 黒子的なのに存在感があること
- 自分の意見で周囲をリードすること

得意分野

- 新しいもの、技術、情報をいち早く取り入れる分野
- いつの間にか相手のふところに入ること
- 他社やほかの人をスマートにリードする分野

このタイプの人への対応方法

- スマートに接する
- 最新情報を伝える
- リーダーシップをとってもらう
- スタートを重視する
- 何かを決めるときには話し合いで公平にする

他人にストレスを与えてしまうこと

- 話し合いが多いこと
- 出だしにつまずくと波に乗れないこと
- 先取りした情報をみんなが知ってしまうと冷めること

よく見られる行動パターン

- 人当たりがよく誰にでも好感をもたれる
- 世間体を気にする
- 人前で緊張するため堅苦しいことは苦手で、本番に弱い
- 周囲よりも一歩先に行こうとする
- スムーズにいかないと顔に出る
- 黒子的に振る舞う

意識しやすい言葉

- 「まだ誰も知らない情報です」
- 「新商品です」
- 「いつも新鮮ですね」
- 「一歩進んでるね」
- 「みんなで話し合いましょう」
- 「さすが早いですね」
- 協調性、常識的

θ1 パイオニア

体験談

※［　］内は、センターシード・フェイスシード・エマージェンシーシードの順

みんなの前で叱責《しっせき》した上司が許せない！

相葉博之さん（仮名）［θ1・β3・θ4］

「仕事でミスをしたとき、**部内全員参加の会議中に上司から大声で叱責された**ことがあります。ミスをした私が悪いのはわかっていますが、立ち直れないのではないかと思うほど落ち込みました。θ1なので**プライドを傷つけられた**と感じたのだと思います。それなのにその上司は次の日には何事もなかったかのように声をかけてきました。どうしてもその上司のことが許せず、結局耐えられそうになくって、今、転職を考えています」

最新情報という言葉に反応し即予約

山根ひろ子さん（仮名）［θ1・β2・θ4］

「お気に入りのセレクトショップで入荷前の**最新情報をスタッフさんから聞いてしまうと、反応**してしまいます。どうしても欲しくなってしまって、今月はきびしいなぁ……というときでも、『予約します！』と即答してしまう私……」

本番に弱いのが悩みの種

浅倉大輝さん（仮名）［θ1・θ2・β4］

「θ1の私は資格試験やプレゼンなどの**本番にとにかく弱い！**　勉強だって、準備だってちゃんとしているのにどうしても緊張してしまい思ったような結果にならないのが悩みだったのですが、θ1だからなんですね……」

思わせぶりな態度なんて絶対してない！

下条沙耶さん（仮名）［θ1・θ3・α3］

「**単なる仕事仲間と思っていた男性から突然のアプローチ！**　「え！　何で!?」と思うけど、同じようなことは過去にも経験あり。思わせぶりな態度……なんて絶対とってないのに！　θ1の人のふところに入るのが得意って、こういうことかと実感しています」

何でも話し合いで決めるのがわが家のルール

飯田朋美さん（仮名）［θ1・β2・α2］

「大きなことから些細なことまで何でも話し合って決めるのがわが家のルール。もちろんθ1の私から提案しました。話し合っているといつも私のペースに持っていかれるのがα3の夫は少々不満な様子。でも、話し合っているんだから、お互い納得のうえだと思うのですが、結局ちゃんと私の話を聞いてないのでは……という疑惑がわいてます」

調子が悪い相手にどうしても同情してしまう

加藤純也さん（仮名）［θ1・β3・θ4］

「フットサルで、チームを組んで大会に出場したり、週末はできるだけチーム練習にも参加するほど大好きです。ただ、θ1の私は、**対戦相手チームの調子があまりに悪いと同情**してしまい、アグレッシブにゴールを狙えなくなることもあるんです。もちろん自分のチームのみんなに申し訳なくて、本当のことは言えません」

プライベートには立ち入るな！

辰木洋輔さん（仮名）［θ1・β4・α1］

「プライベートに土足で踏み込んでくる学生時代からのθ2の友人A。**相談さえしてないのに「一緒に考えよう！」と言って、あれやこれやと解決策（？）を提案**してきて正直うざい！ 社会人になったのを契機に、いろいろ理由をつけて距離を置くことに。自分が思う以上にθ1のプライベートを大切にする気質は強かったようで、プライベートライフがとっても楽になりました」

θ2

「プロフェッサー」

客観的な判断がピカイチの『年齢性別不問な人』

人類皆兄弟という精神で、誰とでも仲良く和気あいあいでいたい、人間が大好きな気質です。人間関係をとても大切にしていて、わがままを言わず、人当たりがいいのが特徴です。ただ、θ2の人に聞くと「確かに**誰とでもあわせることはできるけど、誰でもいいわけではない**」と口をそろえます。これはθ2の独特の感覚でしょう。ですから、多くの人脈を作りますが、友好関係は広く浅くなります。周囲の誰とでも一定の距離を保って付きあいますが、自分が中心になっていないと思うと、自分以外の友だち同士が仲良くしているのをさびしく感じてしまうこともあるようです。

世のため人のため、仲間意識、助け合い精神などをもつ傾向も強いようです。何か問題が起こっても自分だけの問題だと思わずに、その場に居合わせた全員の問題だと認識する傾向があります。たとえば、θ2の人とキャッチボールをしていたときにθ2が暴投してしまい誤って建物のガラスを割ってしまったとします。このとき、θ2は二人であやまりに行くのが当然だと考えるのです。暴投したのはθ2なのに、θ2が一人であやまりに行くという考えはありません。二人でキャッチボールしていた結果、ガラスが割れたのですから、二人の問題だと考えるわけです。

情報を集めすぎて何も決められない!?

また、θ2の人はとても**情報通で、特に裏情報に非常に敏感**です。「ここだけの話……」「誰にも話してないけど、相談したいことがあるんだ」などと言われると、話を聞かずにはいられなくなります。θ1の人は新しい情報と未公開情報だけに興味をもちますが、θ2の場合は種々雑多な情報や一度聞いたことのある情報であっても、自分が聞いた話と違った内容になっていないかが気になります。追加情報や、話をしているその人しか知らない裏情報があるのではないかと思うのです。

ただし、種々雑多な情報を集めすぎたり、いろいろな人に相談しすぎたりして、結局はどうしたらいいのかわからなくなり、自分で何も決められないという、まさに本末転倒になることもあります。もし、θ2の人から相談されたら、結論を出しやすいように誘導してあげるといいでしょう。

さらに**行動するときは最悪のシミュレーションを想定してから動くため、なかなか決断**

ができません。リスクヘッジをしたいため、最悪の場合を考え、その穴を埋める作業や、ガケっぷちの状況をどう避ければいいかをまず考えるのです。その回避法を確認して初めて未来への夢や希望、可能性、展望が見えてきます。θ2の人の話を聞いていると、最悪のシミュレーションには、なんと〝死〟まで入っているのです。死と隣り合わせというリスクがつねに頭のなかにあるということでもあります。

そのほか、**抜けがけやズル、仲間はずれは大嫌い**です。とてもさびしがり屋で、一人ではいたくないタイプの人ですから、私も「どうして声をかけてくれなかったの？」とよく言われます。θ2の人に一年に一度でも「元気？」とメッセージを入れるだけで「気にかけてくれてありがとうございます」と非常に喜ぶのです。それが社交辞令であってもかまわないようで、β1の私からしたら、そんなにうれしいのかなぁと不思議なくらいです。

さびしがり屋ということもあり、アドレス帳の断捨離《だんしゃり》ができない人が多いのもθ2。何年も連絡をとっていないのにもかかわらず「もしかしたら連絡がくるかもしれない」とアドレスを消去する決断ができないのです。

すべてにおいて客観的に考えるのも特徴的。**自分のうしろに、もうひとり自分がいるような客観性をもっています**。ですから、自分のことを他人事のように、感情をこめずに淡々としゃべります。そんなθ2は、自信家で自分の分をわきまえない人を嫌います。

男女別の特徴

♂ 男性

協調性にすぐれ、みんなで仲良く、みんなのためにがモットーで、人の和を大切にします。自分のことでも冷静に客観的判断ができるタイプ。細かな心配りで、自分を売り込むことも得意です。ただ、本音をなかなか言えないので、ストレスがたまりすぎることも。

♀ 女性

みんなの幸せを考えるあまり、自分のことを後回しにしがちなタイプ。協調性にすぐれ、みんなで仲良く、みんなのためにをモットーに人の和を大切にします。自分の気づかいを周囲にわかってもらえないと、冷たい態度をとることがあります。

θ2 プロフェッサーの適職はこれ!

教授、探偵、弁護士、測量士、作家、教育関係、アナウンサー など

※外的要因などにより異なる場合もあります。

θ2 プロフェッサーの有名人

盛田昭夫（SONY創業者の一人）、**見城徹**（幻冬舎代表取締役社長）、**大村智**（北里大学特別栄誉教授・ノーベル生理学・医学賞受賞者）、**オダギリジョー**（俳優）、**唐沢寿明**（俳優）、**ダルビッシュ有**（メージャーリーガー）、**広末涼子**（俳優）、**竹中直人**（俳優・映画監督）、**長渕剛**（ミュージシャン）、**ジョニー・デップ**（俳優）、**トム・ハンクス**（俳優） など

θ2 プロフェッサーは だいたいこんな人

特徴

人類皆兄弟という精神性をもつ
誰とでも仲良く和気あいあいでいたい
世のため人のため、仲間意識、助け合い精神がある
周囲の人と一定の距離を置いた付きあい方をする
客観的予測が悲観的予測に変わりやすい
すべてを客観的に考えていく

嫌いなこと

- 抜けがけやズルをされること
- 仲間はずれにされること
- 気配りを感じられないこと
- 約束を破られること
- 音信不通になること
- ケジメのない行動をされること
- 自信家で自分の分をわきまえないこと

好きなこと

- 情報収集
- いろいろなところに顔を出し人脈を作ること
- シミュレーションをして戦略を練ること
- コレクションやスクラップ
- 気のきいた話をすること

物事を判断するための基準

- 気配りができるか
- 世のため人のために役に立つ精神があるか
- 人脈拡大につながるか
- 仲間意識を大切にしているか
- 客観性があるか
- 専門家としての情報をもっているか

自分らしいと感じる環境

- 心のつながりで仲間を増やしていける環境
- 上下関係がしっかりしている環境
- ゆずり合い、助け合い、仲良く共栄共存できる環境
- 世のため人のために役立てる環境

やる気が出ること

- 自分を信頼してもらえること
- 新たな人脈や新情報を日々手に入れられること
- 自分の気持ちをわかってもらえること
- 助け合い精神や周囲への気づかいが感じられること
- 頼りになる相談相手がいること

得意分野

- 新しいものが世の中に行きわたるように活動する分野
- すべての人が気持ちよく受け入れられるように現状を改善する分野
- 客観的に観察したことを自分の知識としてたくわえる分野
- 研究・分析の分野

このタイプの人への対応方法

- 気配りをする
- 自分の知っている情報を伝える
- 人脈を紹介する
- かやの外にしない
- 何でも相談する
- 世のため人のため精神を大切にする
- 意味のないグチやぼやきが多いが「なるほど」と聞いてあげる

他人にストレスを与えてしまうこと

- マイナスの結果を自分の責任だと思っていないこと
- 悲観的な情報でマイナスイメージが広がること
- 情報を集めすぎてなかなか決められないこと

よく見られる行動パターン

- 最初は控えめだが仲良くなるとざっくばらんになる
- フェアプレイを主張する
- ケンカが苦手なので衝突を避ける
- けじめのある生活をしたがる
- ギブ＆テイクは常識だと思っている
- 慎重で思い切りが悪い

意識しやすい言葉

- 「みんなで一緒にやりませんか」
- 「どうしたらいいか考えていただけませんか」
- 「仲良くやっていきましょう」
- 「約束は守ります」
- フェアプレイ、人脈拡大、仲間意識、客観性

θ2 プロフェッサー

体験談

※［　］内は、センターシード・フェイスシード・エマージェンシーシードの順

情報が多すぎて自分で決断できない

中村孝雄さん（仮名）［θ2・α2・θ2］

「旅行プランを練るときも家電を買うときも、カタログやネットで情報を集めまくり、納得してから行動します。でも、旅行も家電も商品情報が多過ぎて、最終的には自分で決められなくなり、β2の妻に決断してもらうことに。θ2のあるあるですね」

男女問わず相談をされる

那波美都さん（仮名）［θ2・θ2・β2］

「学生時代から**悩みごとの相談を受ける**ことが多くて、自分もイヤではありませんでした。いいアドバイスができて、いい結果や幸せの報告を受けると自分のことのようにうれしくなります。今でも男女問わず相談を受けるので、θ2には話しやすいのかなぁ、と思っています」

世のため人のために何かしたい!

沢尻智司さん（仮名）［θ2・β4・θ4］

「**“社会貢献” や “弱者救済” というワードに反応**してしまい、ボランティアに応募したり、クラウドファンディングのボタンをポチとクリックしてしまう私。θ2はやっぱり世のため人のために何かしたい気質は『当たってる〜』と実感させられました」

お礼や謝罪はきちんと聞きたい

倉本宏之さん（仮名）［θ2・θ1・β2］

「人に助けてもらったら、お礼、迷惑をかけたら謝罪をするのは当然のこと。**知り合い、身内だからと、なぁなぁな態度をとられるとムカッと**します。特にα4の妻に言いたい！　君は本当にあやまらないね！！！！」

客観的に物事をとらえる

篠田真知子さん（仮名）
［θ2・β4・θ2］

「考えなしに気分で動くα3の同僚Aや目の前の損得でしか考えないβ1の同僚B。同じプロジェクトを担当しているので、仲良くやっていきたいのだが、**客観的に大所高所で事案をとらえる**θ2の私には、どうしてもいい加減な人としか思えない」

自分のお膳立てを理解されずイライラ

浅野悠太さん（仮名）［θ2・β2・θ4］

「一生懸命**気をつかって自分がおぜん立てをしている**のに『俺が一人で契約をとってきた』的態度のα4の上司B。あまりの無理解、配慮のなさに閉口しています」

慎重派なのでなかなか決められない

田野浦マリさん（仮名）［θ2・β2・θ4］

「α1の夫が即断即決するのがうらやましい。私は**慎重派なので、なかなか決められません**。でも、ケンカになるのもイヤなので、すべてが夫の決めた通りに。なんだか釈然としない……」

θ3 ナチュラリスト

周囲に察してほしいし愛されたい『自然体の正直者』

純真無垢《じゅんしんむく》で汚れのない、生まれたての赤ちゃんのような気質です。

安心安全が第一で、誰からも可愛《かわい》がられたい精神性の持ち主です。そのため、初めて会う人や初めて行く場所に対しては警戒心が強くなります。また、周りの目も気になるので、本当は思っていることがあっても言えずに黙っていることもあるようです。**思っていることと口に出す言葉が違っている**ことがあったり、**嫌いな相手の前や気分が悪いときでもニコニコ笑っていることができたりする**のもθ3の人の特徴です。その一方で、**身内や心を開いた相手に対しては態度が一変して、わがままになったり、強気に**出たりといったことも多いようです。

いつも自然体で純真無垢な存在でいたいθ3は、言いたいことをストレートに言わない傾向があります。察してほしいという思いが強いのは、θ3の赤ちゃんのような気質が影響しています。赤ちゃんは泣けばミルクをもらえるしオムツだって取りかえてもらえる、何もしなくても周囲から察してもらって生きる存在だからです。

θ3がセンターシード、フェイスシード、エマージェンシーシードのいずれかに入っている人は、人に面倒を見てもらうのが上手なタイプとも言えます。面倒を見てもらえるように自然に仕むけてしまうのです。

ウソや駆け引きは嫌いなのに試し行為をしがち

また、自然体でいられる、**安心安全の場を強く求めるため、ウソをつかれることや駆け引きをされることを嫌います**。ビジネスのうえでの相見積もりは商習慣で一般的なことですが、それさえ嫌うこともあります。

自分はウソや駆け引きが大嫌いなのにもかかわらず、θ3の人は、特に恋愛関係で相手を試す行為をしがちです。これはやはり安心安全の場を確保したいという思いが根底にあるのが原因のよう。たとえば、知り合いのθ3の女性は結婚前に今のダンナさんに対して、自分をデートのときにどのくらい待ってくれるかを試したと話してくれました。あるカフェの窓際の席を指定して、自分はその席が見える別のカフェでダンナさんの様子を見ていたというのです。結局、彼は4時間も彼女を待ってくれたことから、安心してその後、結婚できたといいます。このようにθ3は、恋愛中に「もういい！」と相手を突き放すような行動をわざとして、それでも自分を好きでいてくれるかどうかを確認する傾向があるのです。これも駆け引きだと思うのですが、θ3は駆け引きだとはまったく思っていないのが面白いところです。

そのほか、事の成り行きを見守る態度をしがちではありますが、責任をまっとうする芯《しん》の強さを秘めています。また、**別名「付加価値名人」**と呼ばれ、安心安全な環境を求めるために、いたらないところを修正して改善していく能力に長《た》けています。ただ、本質にこだわりすぎて理屈っぽくなるところもあります。

また、θ3の人が不安がっているときには、「大丈夫?」と言葉をかけてあげると安心します。θ3との**連絡は密にとるのが無難**です。θ3に連絡がとれないときは「ごめんなさい」とあやまって終わりなのですが、θ3の人が連絡をしたときに1時間、2時間と返事をしないと「何をしてたの?」と詰問口調になることさえあります。これもすべてさびしがり屋、安心していたいという気持ちの表れなのです。

人のために頑張ることが好きなタイプなので**「自分のために頑張れ」といった言葉は、まったくθ3の人には響きません**。「○時までにちゃんとやってね」「月末までに目標達成するように」など**期日を決めて、せかされるのも嫌い**で、そんなふうに言われると、突然やりたくなくなってしまいます。

男女別の特徴

♂ 男性

警戒心が強く、人見知り。誠意ある態度で接する人と親しくなりやすく、信頼します。ウソをついたり、駆け引きしたりするのが苦手な純粋なタイプ。他人が気になり、なかなか言いたいことを言えずに回りくどい言い方になって真意に気づいてもらえないこともあるよう。

♀ 女性

面倒見がよく、細やかな気づかいができるので、人に何かを教えたりするのが上手。芯は強く、不安感がなければみずから進んで行動します。信頼して親しくなった相手には、少しわがままになる面も。物事をはっきり言わずに、相手にうまく伝えられないこともあります。

θ3 ナチュラリストの適職はこれ!

[アシスタント、マネージャー、秘書、職人、教育者、編集者、サービス業 など]

※外的要因などにより異なる場合もあります。

θ3 ナチュラリストの有名人

藤田田（日本マクドナルド・日本トイザらス創業者）、**竹田和平**（投資家・竹田製菓元社長）、**岡田准一**（V6）、**松岡修造**（元プロテニスプレイヤー）、**大沢たかお**（俳優）、**大塚愛**（ミュージシャン）、**中山美穂**（俳優・歌手）、**スティーブン・セガール**（俳優）、**ブラッド・ピット**（俳優）、**ココ・シャネル**（シャネル創業者）など

03 ナチュラリストは だいたいこんな人

特徴

純真無垢で汚れのない正直者
言わなくても察してほしい気質
誰からもかわいがられたい
初対面では警戒心が強い
いたらない点を修正し付加価値を付ける
責任をまっとうする芯の強さがある

嫌いなこと

- ウソをつかれること
- 駆け引きをされること
- 安心感がないこと
- 心配させられること
- 期日を決められて急かされること

好きなこと

- 無理なく自然体でいられること
- 気をつかわない人間関係を作ること
- 安心できる環境を確認すること
- きめ細やかに修正をしながら人を育てること
- 自然のなかでのんびりすること
- 美的、芸術的センスを発揮すること

物事を判断するための基準

- 心から信頼できるか
- 心配がないか
- 信用できるか
- 安全か
- 本物か
- 長続きするか
- 素直さがあるか

自分らしいと感じる環境

- 安心できる環境
- 人の目を気にせず自由に感性を発揮できる環境
- いつも穏やかな気持ちでいられる環境
- 心を許せる仲のよい人たちと力を合わせられる環境
- いつも自然体でいられる環境

やる気が出ること

- お互いの人間性を認め合うこと
- 心温まる人間関係のなかで自然体になれること
- 自分がつねに必要とされていること
- 大切にされ、おぜん立てをしてもらえること
- 理念、ポリシー、使命感を感じること

得意分野

- 付加価値を付ける分野
- 相手の気持ちを察する分野
- 几帳面な処理能力を発揮できる分野
- 鋭いカンをいかして大胆な行動力を発揮できる分野

このタイプの人への対応方法

- 信頼できるデータを見せる
- 言いたいことは最後まで聞く
- 不安感を取り除いてあげる
- 間違いは素直に認めるようにする
- 緊張状態が慢性化すると過度に疲労しやすいため、ゆっくりと接する

他人にストレスを与えてしまうこと

- だまされやすいこと
- ひと言多いこと
- 本質にこだわりすぎて理屈っぽいこと

よく見られる行動パターン

- 初めての人、場所、物事になじむまで時間がかかる
- いつでも笑顔だが人見知りが激しい
- 安心安全な環境をつくろうとする

意識しやすい言葉

- 「大丈夫」
- 「安心してね」
- 「正直な人ですね」
- 「まじめな人ですね」
- 「ごめんなさい」
- 「ありがとう」
- 「信用がありますね」
- 付加価値

θ3 ナチュラリスト

体験談

※［ ］内は、センターシード・フェイスシード・エマージェンシーシードの順

夫婦なんだから、それぐらい察して

加藤俊輔さん（仮名）［θ3・β3・θ3］

「『お腹すいたね』と言えば、食事を作ってほしい。『ちょっと暑いね』と言えば、クーラーの温度を下げてほしい。こんなことは夫婦ならわかると思うんだけど……。β3の妻には通じない。『言わなきゃわかるわけない!』とキレ気味言われるんだけど、それぐらい察して欲しい」

行きつけの店のほうがリラックスできて安心

橋本大雅さん［θ3・θ1・β3］

「**昔から恋人に言われるのが『同じ店ばっかり……』**。僕としては、新しい店より行きつけの店のほうがリラックスできるし安心。彼女との会話にも集中できると思うのですが、それを理解してくれる女性にめぐり会えない……」

気持ちを伝えるのが下手みたい

香西沙織さん（仮名）［θ3・β4・θ4］

「**自分の気持ちがうまく伝わらずにイライラ**することがよくあります。友人からは『はっきり言わなきゃわかんないよ〜』と言われるけど、私としてはちゃんと言っているつもりなんだけどなぁ……」

オカリナをプレゼントした！

清水信吉マスターコンサルタント［θ］

「以前の僕は、月収10万円の売れない役者、といえばまだ聞こえがいいですが、まったく稼げてないフリーター。さらに、お金が欲しくて仕方なかったのに『稼ぐ！稼げる！』の言葉が言えなくて、βの人からは『で？』と話を打ち切られ、αの人には、僕の説明口調では響かせることができませんでした。つまり3分の2の人たちにまったく響かない営業トークをしていたのです。また、恋愛面においても、プレゼントは気持ちが大事でしょ！！と120パーセント気持ちを込めた手紙を書き、120パーセント見当違いなプレゼントをしていたので記念日にはケンカが相場でした。一番ひどかったのがβ2の彼女に『教則ビデオ付きオカリナ』をプレゼントしたことです」

スタッフの態度に誠意がないと買わない

森本雄さん（仮名）［θ3・β4・θ4］

「気に入った商品でもお店のスタッフの態度に誠意がないと、どうしても買う気になれません。逆に**とてもいいスタッフさんだと何となく買ってしまう**し、その店の常連になりがち」

ウソは最大の裏切り行為です！

二階堂久美子さん（仮名）［θ3・θ1・β4］

「私にとってウソは最大の裏切り。**ウソをつかれたら信頼関係はThe End。**浮気のウソなど即離婚です」

人に教える仕事は楽しい！

草刈奈緒実さん（仮名）［θ3・θ2・β3］

「営業部から**教育担当の部署に異動になって、とても仕事が楽しく**なりました。θ3は人に教えることが好きというのは本当ですね」

日常的にスキンシップが多い夫婦です

佐藤恵茉さん（仮名）［θ3・β3・θ2］

「私がθ3で夫がθ4の結婚10年を過ぎた夫婦ですが、パーソナルシードを知ってから日常的にスキンシップが多いことに気がつきました。テレビを見ながらくつろいでいるときでも、**無意識に夫の腕や身体に触れていました**。特にラブラブというわけでもないのですが、なんとなく安心できるんですよね」

θ4

チェアマン

実績、経験を重視する『存在感が大事な影の実力者』

クールな駆け引きと限界まで体をはるねばり強さをもつ影の実力者。何事も手抜きをせずに、コツコツと経験を積み重ねる性質です。ゆったりと控えめな態度のなかに自分の存在感を明確にしたい気持ちがあります。

自分の存在感がとても大事なタイプのθ4の人に絶対に言ってはいけない言葉があります。それは、「あれ？　θ4さん、そこにいたの？」といった存在を否定する言葉。**存在を無視されると、その瞬間に心のシャッターを下ろしてしまいます**。逆に、「遠くからでもθ4さんだとわかりますね」なんて言われると、とたんにうれしくなるのです。

またθ4は自分の**出番待ちタイプ**とも言えます。「呼ばれれば出て行くけど、自分から出て行くなんてできない」。そんな**引っ込み思案の目立ちたがり屋**なのです。本当は呼んでもらいたくて、呼ばれることを待っているのがθ4の人。人から呼ばれるまでじっと自分の出番を待ちながらも、心のなかでは目立ちたい願望が強く内在する、周囲からすれば、ちょっと面倒な人という側面があります。また、自分の出番、役割がないとわかると、あっさりと身を引いたり、その場から離れていきます。

実績と経験のある人を無条件に信用

実績・経験重視で、自分のこだわりをもっているθ4は「まだまだ頑張れるぞ」という底力がエネルギー源です。このため**実績と経験のない人の話は聞かない傾向もあり、そういう人が手抜きをするのはさらに許せません**。実績と経験がある人を無条件に信用し、その人から話を聞いたとたんに、それまでの態度が一変することもあります。

　こんなことがありました。北九州の女性経営者でθ4のAさんという人に、私がビジネスプログラムの会社を紹介したことがあります。当然、担当営業マンが北九州まで足を運び説明をしたようなのですが、後日、「どうして、ぺーぺーみたいな営業マンを私に紹介したの！」とAさんが軽く文句を言ってきたのです。営業に行った人物を確認すると優秀なトップセールスマンでした。Aさんは「せめて課長とか、マネジャーとか部長とか、それなりの人を紹介してくれない？」と。彼女はその人自身ではなく肩書を見て判断していたわけです。「今度は長年にわたってトップセールスを維持しているすごい実績のある人に行ってもらうよ」と答えると「え!?　そんな人に来てもらえるの？　じゃぁ、買わないと」と、さっきまで文句を言っていた彼女の態度がコロッと変わり、営業マンに会う前から、購入前提の話になっているのです。彼女のこの反応はθ4の人の典型と言えるでしょう。実績と経験のある人の話は聞くけれども、そうでない人の話は聞く気にすらならないのがθ4なのです。

　初対面の人や初めての物にはなかなかなじめず、行きつけの場所や安心感のある人間関係を求める傾向が強いのも特徴です。決断するのがやや苦手で、じっくりと時間をかけて考えたうえで決めることが多くなりますので、信頼関係を築く際にも、やや時間がかかるタイプと言えます。ただ、**年配の人とは信頼関係が築きやすく、なぜか可愛《かわい》がられる傾向が強く見受けられます**。

　また、一流、本物が大好きなのもθ4の人の特徴で、自分独自のブランドをつくりたいという感覚をもっています。**つねに本物を見抜く目をもっていたい**という思いがあるため、「本物がわかるθ4さんだったら、この話はわかってもらえると思うんですよ」などと言われると大喜びしてしまうはず。〝究極の〟〝至高の〟といったかんむりがつくものに弱く、すぐに手が出てしまいます。

　そのほか、「これだけは覚えておいてよ！」「絶対、忘れないでね」と念押しされないと、大事なことを忘れやすいという困ったところがあります。

男女別の特徴

♂ 男性

実績や経験を重んじる、ゆったりとした重役タイプ。価値あるものを大切にし、自分自身の存在価値もしっかり認識してもらいたいと思っています。負けず嫌いで自信家な面もあり、人からプライドを傷つけられたり、ないがしろにされたりすると憤慨することも。

♀ 女性

おっとりしていて、人当たりも柔らかなやさしい性格。年配の人から可愛がられる傾向が強く、好みも伝統的なもの。美味しいものや、伝統ある食べ物が大好きで、気に入ると通い続けて常連になりやすいタイプ。我慢強く、人をうらんだり根にもつことはあまりありません。

θ4 チェアマン の適職はこれ!

国家公務員、塾講師、料理研究家、華道家、書道家、中小企業経営者 など

※外的要因などにより異なる場合もあります。

θ4 チェアマンの有名人

本田宗一郎（本田技研工業創業者）、**江副浩正**（リクルート創業者）、**アマンシオ・オルテガ**（インディテックス社創業者[ZARA]）、**澤穂希**（元プロサッカー選手）、**天海祐希**（俳優）、**小雪**（俳優）、**高橋英樹**（俳優）、**武田鉄矢**（俳優・歌手）、**舘ひろし**（俳優）、**渡哲也**（俳優）、**アーノルド・シュワルツェネッガー**（俳優）、**ジュリア・ロバーツ**（俳優）など

θ4 チェアマンは だいたいこんな人

特徴

クールな駆け引きと体をはったねばり強さがある
控えめな態度なのに自分の存在感を明確にしたがる
実績と経験を重視する
まだまだ頑張れるという底意地がエネルギー源
人からいざというとき頼られる存在感あふれる自分でいたい

嫌いなこと

- 自分の経験を批判されること
- 無神経で気がきかないこと
- 存在感を無視されること
- 実績と経験がない人にあれこれ言われること
- 愚痴を言ったり手抜きをされること

好きなこと

- 実績と経験を身につけること
- 究極のブランドを見つけること
- 何にでもこだわること
- 限界まで体をはって頑張ること
- 習い事
- 伝記や歴史の本を読むこと

物事を判断するための基準

- 本物を見抜く目をもっているか
- 実績と経験を積み重ねているか
- 後ろだてがしっかりしているか
- 究極の逸品か
- 限界まで頑張れるか
- 気づかいを感じられるか

自分らしいと感じる環境

- 実績と経験が重んじられる環境
- でしゃばらなくても自分の出番が回ってくる環境
- 見込まれて応援してもらえる環境
- 自由と自主独立が許される環境
- 自分で自分の人生を切りひらいていける環境

やる気が出ること

- 安心感をもって長く付きあえる信頼関係を築くこと
- 周囲から自分の出番を作ってもらえ期待されること
- 自分の存在感を認めてもらえること
- 好きにさせてもらえること
- 理念、ポリシー、使命感を感じること

得意分野

- 物事の本質を実績や経験から確かめられる分野
- 本物だと確信したら態度を整えブランド化する分野
- 自分や商品に磨きをかけ安泰を考える分野

このタイプの人への対応方法

- 経験を積む時間をとる
- 存在感を大切にする
- 最初に本人の実績と経験を聞く
- 一流、本物にこだわる
- 精いっぱい頑張る
- でしゃばらない
- 出番を作ってあげる
- なじむまでに時間がかかることを理解する

他人にストレスを与えてしまうこと

- 相手の実績や経験を聞くと見る目が変わること
- 自分の過去の経験を話しすぎること
- 実績と経験がない人の話は聞く気になれないこと

よく見られる行動パターン

- 自分の経験や体験からしか判断しない
- こだわっていることに対しては無理をしてでもやり遂げる
- 初めての人や物にはなじむまで時間がかかる
- どんな相手にも調子を合わせられるが、心のなかではクールに分析している

意識しやすい言葉

- 「すばらしい体験ですね」
- 「すごい実績ですね」
- 「究極の逸品です」
- 「あなたがやらなくて誰がやるんですか」
- 「渋いですね」
- 本物、一流、老舗、歴史がある、几帳面

θ4 チェアマン

体験談

※［　］内は、センターシード・フェイスシード・エマージェンシーシードの順

我慢が続くと感情が爆発することも

嶋田陽菜さん（仮名）［θ4・α3・β2］

「私は自分でもそこそこ我慢強いと思います。でも、あまりに我慢が続くと、突然猛烈なイライラの感情がわいてきて周囲に爆発させることも。後から『あーやっちゃった……』と思いますが、一方で『あんなに我慢したんだから、少しぐらいいいよね』という自分もいます」

安心感のある老舗の商品が好き

近藤なおみさん（仮名）［θ4・α4・θ4］

「創業百年以上など**老舗の商品は安心**。贈り物としても恥ずかしくないので、私には欠かせないもの。新製品は当たりはずれがあるし、贈る相手を選ぶので購入することは滅多にありません」

周囲から認められ求められたなら前に出る

宝田尚樹さん（仮名）［θ4・α3・θ3］

「僕はみずから手を挙げて前に出るタイプではありません。**周囲から認められ、求められたときになら出てもいい**かな、とは思うけど……」

実績、経験を無条件に信頼

常盤隆幸さん（仮名）［θ4・θ4・α4］

「**肩書、学歴などに敏感に反応**するのはθ4の人の気質なのか、と納得しました。とにかく『すごい人なんだ～』と無条件に信頼している自分を否めません。逆に実績、経験があまりない人は、特に親しくない関係だと何を基準に信じたらいいのかわからず不安になります」

長く受け継がれるものはやっぱりいい！

下総亘祐さん（仮名）［θ4・θ3・α3］

「昔からあるお店が大好き。一度気に入ると常連になるまで通い続けます。**長く受け継がれているものはやっぱりいい！**　実際に物を見てもちゃんとしていると感じます」

年配の方によく可愛がってもらう

高梨千聖さん（仮名）［θ4・α4・θ1］

「会社のみんなが苦手という**年配の先輩社員の人たちに男女問わず可愛がってもらう**ことが多いです。年配の方はそれなりに経験や実績を積んでいるので学ぶところはたくさんあると思います。そういえば昔から近所のおじいさん、おばあさんとよくおしゃべりしてたかも」

すべてがアバウトすぎる！

西野邦昭さん［θ4］

「α1とα3の友人と僕（θ4）の3人で食事にいく約束をしたときのこと！　日にちは決まったが、集合時間は夕方で「場所は駅のどこか」めっちゃアバウト！せめて出口を決めてっていうか夕方って幅が広すぎでいつ行けばわからない…。θタイプの人は「お店は？」と思うかも！もちろんαタイプの2人のお店選びは『そのときの雰囲気で！』です！笑。結局、僕が17時に北口で待ち合わせと決めるも1人は当日に遅刻。「到着が少し遅れる」と連絡あり、着いたのが3時間後とは…トホホ」

β1 ムードメーカー

サービス精神旺盛な『やんちゃな短期決戦の勝負師』

人の気持ちを察するのがうまく、上手に場の雰囲気を盛り上げるサービス精神旺盛なお調子者です。スピード感をもってテキパキ行動すること、人を楽しませることが得意なこともβ1の人の特徴です。エンターテイナーであり、ムードメーカーの役割を上手にこなします。**堅苦しい雰囲気が嫌い**なので、無意識にみずから場を盛り上げることで回避しているのかもしれません。関西にいるβ1の知り合いは、年2回の研修会のことを「学芸会」と呼んで楽しんで行っていると聞きました。

また、目の前のことに集中して全力投球する短期決戦の勝負師でもあります。**とっさの状況判断にすぐれ、瞬間、瞬間の勝負強さも備えています**。目標設定が明確であれば、即行動に移して計画的に結果を出します。

このとき、β1の人は負けず嫌いな性質をもっているため、**競争相手がいると、よりやる気を出して力を存分に発揮**します。たとえば、「パーソナルシードを活用して、Bさんは3か月で3倍の利益を上げた」と聞くと、「じゃあ、僕は5倍の利益を出すぞ」と猛烈に頑張ります。これは短期決戦の場合に特に効果的な方法です。

このように短期決戦・先制攻撃には強いのですが、**長期戦には弱いタイプ**です。先のことを考えるのは得意ではなく、β1にとっての長いスパンはせいぜい1年がいいところでしょう。**予期せぬ壁にぶつかったときにもやや弱い**傾向があります。β1は飽き性でもあるので、長期的に物事を続けさせるためには、定期的に何か刺激を与える必要があります。

ギブ&テイクの駆け引きは得意で、1やってもらったことに対して、3倍、5倍、10倍にして返したい義理堅い気質があります。口が悪い毒舌家ですが、心はやさしい人が多いでしょう。そのほか、的確なあだ名をつけることでも知られる有吉弘行さんのように、**特徴をとらえて端的に表現するのが得意な別名「短文名人」**でもあります。同様に人の能力を見きわめて、その人にピッタリの役回りを与える能力にも長《た》けています。

成果に対する報酬が与えられればやる気になる

β1の人をその気にさせるなら、これができたら、報酬はこれ！　と、成果に対する報酬を明確に提示するのが一番です。子どもに対する方法としては賛否があるでしょうが、私の母親は「テストで80点以上とったら500円」と、私の目の前にニンジンをぶら下げてやる気にさせていました。これはβ1の私には露骨に効きました。ある意味、扱いやすいといえば扱いやすいタイプともいえるでしょう。

やんちゃで、目の前のことに気をとられがちな傾向が強いβ1。結果を出したときには、しっかりとほめてあげないと不機嫌になります。自信があることで注目されることが何より好きなのです。自分がはまったものを深く掘り下げることも大好き。**おだてにも弱いタイプで、まさにおだてられると、どこまでも木を登っていく**のがβ1と言えるでしょう。

欲しいと思ったものは絶対に欲しくなってしまうのもβ1の特徴。おもちゃ売り場の床に寝転がって「買って！　買って！」と泣いて訴える子どもがβ1の確率はかなり高いはずです。人のものが欲しくなる困った面もあります。友だちがもっていると自分も欲しくなってしまうのは、負けず嫌いという気質も影響しているのかもしれません。これは恋愛においても同様で人の恋人（あるいは妻や夫）が欲しくなってしまうことがあるので要注意です。

本音をはっきりと言わずにダラダラとしゃべられたり、自分のペースを乱されたり、目線がキョロキョロと動く人は苦手です。「すぐ」の感覚が周囲と異なるようで、β1が「すぐにやって！」と依頼や指示したことは、目の前でやるぐらいのスピード感がなければイライラします。

男女別の特徴

♂ 男性

行動力抜群で何ごとにもゲーム感覚で楽しみ、周囲も楽しませるタイプ。ほめられたいがために何ごとにも一生懸命取り組む頑張り屋。実行力もあり、細かいところにも気がまわり、手先も器用なので短期の仕事には成果を発揮します。

♀ 女性

明るく周囲を盛り上げるタイプ。持ち前の観察力で人まねが得意。のせられると弱いお調子者。人に対して見返りを求める傾向があり、相手から否定されると反発することも。後くされはなく、さっぱりとした性格で、納得すると素直に人の意見に耳を傾けます。

β1 ムードメーカー の適職はこれ!

証券マン、投資関連、商社マン、サービス業、営業マン、ジャーナリスト、スポーツ選手 など

※外的要因などにより異なる場合もあります。

β1 ムードメーカーの有名人

前澤友作（ZOZO代表取締役社長［ZOZOTOWN運営会社］）、**ビートたけし**（映画監督・芸人）、**デビッド・ファイロ**（Yahoo！共同創業者）、**長嶋茂雄**（元プロ野球選手）、**マイケル・ジャクソン**（ミュージシャン）、**稲垣吾郎**（元SMAP）、**大野智**（嵐）、**綾小路きみまろ**（漫談家）、**古舘伊知郎**（アナウンサー）、**有吉弘行**（芸人）、**エディー・マーフィー**（俳優）、**オードリー・ヘップバーン**（俳優） など

β1 ムードメーカーは だいたいこんな人

特徴

とっさの状況判断にすぐれている
瞬間、瞬間の勝負強さがある
ギブ＆テイクの駆け引きが得意
人の気持ちを察するのがうまい
短期決戦、先制攻撃が得意だが、長期戦や予期せぬ壁に弱い
やんちゃで目の前のことに全力投球する
欲しいものは絶対に手に入れる子どもの気質

嫌いなこと

- 堅苦しい雰囲気
- グズグズしてハッキリしないこと
- 目線をそらす人
- 成果、結果がすぐに出ないこと
- 与えても見返りがないこと
- 集中したいときに邪魔されること

好きなこと

- 人の役に立つこと
- 瞬間、瞬間でテキパキと成果、結果を出すこと
- 今すぐ使える活用法を考えること
- 自分が自信をもっていることで注目されること
- みんなを楽しませること
- スリルがあること

物事を判断するための基準

- スピード感があるか
- 全力投球、完全燃焼できるか
- 役に立てるか
- 自分の器用さがいかせるか
- 今すぐ使えるか
- すぐに成果や結果が見られるか

自分らしいと感じる環境

- 瞬間的な判断と駆け引きをいかせる環境
- 変化とスリルにあふれた環境
- 自由で人とは違った面白さのある環境
- 攻めることが尊重される環境
- ベストを尽くしたことが合理的に評価される環境

やる気が出ること

- 周囲から注目されること
- 報酬額を明確にされること
- 結果を出すことで人の役に立つこと
- 目標となる人や絶対に負けたくない人から勝負をしかけられること
- 負けそうになること

得意分野

- 商品やサービスを今すぐ役立つ形で提供する分野
- 素早い対応とサービスを提供する分野
- その日のうちに成果をあげられるように考える分野
- その場、その場の状況で打つ手を考える分野

このタイプの人への対応方法

- 注目する
- きちんとお礼を言う
- 結果を出したらほめてあげる
- 欲しいものは何が何でも手に入れることを理解する
- 具体的な報酬金額を提示する

他人にストレスを与えてしまうこと

- 思わずごまかし、その場しのぎのウソをつくこと
- 相手の顔色を見て先手を打つこと
- 長期戦は苦手なこと
- 指摘魔
- 時間にルーズ
- 小さいことを大げさに言う

よく見られる行動パターン

- 話すときに相手の目をじっと見る
- 人の気持ちを察して先手を打つ
- 積極的に行動する
- サービス精神が旺盛
- 機転がきく
- 計画を立てて時間を合理的に使う

意識しやすい言葉

- 「気がきくね」
- 「ありがとう」
- 「助かりました」
- 「さすができる人ですね」
- 「実力がありますね」
- 「勝負強いですね」
- 「儲かりますよ」
- 完全燃焼

β1 ムードメーカー

体験談

※［ ］内は、センターシード・フェイスシード・エマージェンシーシードの順

目標になるご褒美でやる気がわき出す

高岡晃司さん（仮名）［β1・θ4・α2］

「見返りや報酬が金額や物など、より具体的なほどやる気が湧き出てくるのを感じます。勉強でも仕事でも遊びでも、β1に目標になるご褒美はやっぱり必要です」

その場しのぎのウソや言い訳をしがち

東海林鞠子さん（仮名）［β1・α2・θ4］

「トラブルが起きると思わずごまかして、その場しのぎのウソや言い訳をしてしまいがち。その結果、自分の首を絞めることもたびたびあるのですが、**パニックになるとその場から一刻も早く立ち去りたい**気持ちがおさえられなくなるんです」

すぐに成果を出したい!

名越祥太郎さん（仮名）［β1・θ3・α1］

「とにかく **“早く”“パパっと”** 動いて、成果を出したい！」

休みは計画的に時間を有効に使いたい

武藤太さん（仮名）［β1・α1・θ3］

「α4の妻が気分屋で時間にルーズなので、休日のわが家は大変。僕はせっかくの休みだから**計画をちゃんと立てて時間も有効に使いたい**のですが、妻が突然「やっぱり今日は買い物したい！」「雨降ってるよね、やめようよ」などと言い出すのは日常茶飯事。パーソナルシードを勉強してからは、別行動がお互いストレスフリーなことがわかったので実践中」

闘争心をあおられると頑張れる

坂本由真さん（仮名）［β1・α2・θ2］

「『Aさんはこの方法で営業成績が2倍になった』という話を聞くと、一気に闘志がわいてきて『じゃぁ、私は3倍に！』と本気で頑張り、実際よい結果になりやすいと思います。息子もβ1なので『C君は……』と息子の友達を引き合いに出して**闘争心をあおると、目の色を変えて勉強や習い事に頑張る**ようになりました。パーソナルシードは子育てにも上手に活用しています」

掃除する前よりも部屋が散らかる

竹田庸一郎さん（仮名）［β1・α1・θ1］

「片付けがなかなか終わらない僕。自室の大掃除をするぞ、と意気込んで始めるのですが、必ず途中で探していた雑誌や思い出の品に手が止まって、掃除を忘れてそちらに夢中に……。何だかんだと他にも探し物をしだしたりして、**結局、掃除する前よりも部屋が散らかる**始末です」

β2

リアリスト

夢実現に長期戦で勝負する『ロマンティックな現実主義者』

β2の人は将来、自分の夢を実現するべく、長期戦略を立てる達人で、言いかえればマラソンランナータイプです。**ペース配分が必要な勝負には抜群の強さを発揮**します。「最後に勝つ人」という言葉に弱く、たとえ今はダメでも、自分が決めた最終ゴールでは、勝つのは自分、ヒーロー&ヒロインになりたいというスタンスで生きています。ロングスパンで考えるため、**20年、30年後のことや老後のこと、孫やひ孫のことまで思いをはせる**傾向があります。

β2の人は、20歳そこそこの若者でさえ「老後のことが心配」と話します。20歳の若者が何を言っているんだ、と思ってしまいますが、本人は本気で心配しているのです。一方、一般的には75歳といえば、すでに後期高齢者であるはずなのに、知り合いのβ2のお習字の先生の心配ごとはその先にありました。「75歳よりもっと先の老後を考えてるんだ!」と本気で話されているのにはびっくりしました。

β2のロングスパンで考えるというのは、時間のとらえ方、感覚がまったく違っているということです。β1のロングスパンというとおおよそ1年がベースで、2年、3年は超ロングスパンになるため、β2とは20年ほど感覚が異なると言えるでしょう。

また、神経質で疑い深いので、**人の言葉や態度を注意深く観察**しています。最悪の場合を話してもらうと安心するタイプです。

人から「奥行きがある人」「深みがある人」と扱われたい、薄っぺらい人と思われたくないという気持ちが強いのも特徴で、実力のある人物と評されたいという精神もあります。

「あなたのために……」は大嫌い！

βの人は全般的にそうですが、特にβ2の人は**恩を着せられることを好みません**。たとえば「あなたのために買ってきたのよ」「あなたが喜ぶと思って」などと言われても、相手の好意だと理解はしているのですが、素直に受け取ることができない傾向が強いようです。極端に言えば「あなたのために……」という言葉自体に不快感があるのです。β2は「頼んでないよ！」と心のなかで叫んでいます。

β2の人が大好きなものといえば、なんといっても温泉や南の島です。私の知り合いの日本一の研修サービス会社の経営者もβ2なので、社員旅行は温泉か南の島オンリーといっていいぐらいです。南の島好きが高じてハワイに研修施設までつくってしまいました。**健康管理にも関心が高く、万が一、とか、転ばぬ先のつえなど、それがどんなものでも興味をもちます**。保険、サプリメント、健康食品、有機野菜、エクササイズマシーン、シワとりクリーム、日焼け止めなどが大好き。ここにも健康第一にして、不安をぬぐいたいという強い思いが表れています。

自分の世界、ロマンを大切にしながらも、堅実かつ現実的な道筋を立てて進んでいくのも特徴です。もちろん、もしものときの準備もおこたりません。もしも病気になったときのため、また病気にならないように、といった具合に先々のことを考えて備えをすることに、ある種の喜びまで感じるのがβ2なのです。

そのほか、β2は**エンドゴールをもっていると強くなります**。追い詰められて思い切りハードワークをした後に大好きな温泉や南の島への少し長めの旅行をするという年間計画を立てるとモチベーションを維持できます（ギリギリまでやらないのですが）。私はよくβ2の人にアドバイスをするのですが、1年の間に3回ぐらい「この1か月の間に1週間か2週間は発散して遊ぶ」など、自分をリトリートするような期間を用意するのです。するといいリズムで集中して仕事ができるようになります。アドバイスを受けたβ2の人も「それはいいかもしれない！」と納得していました。

男女別の特徴

♂ 男性

慎重派で、しっかりと長期的な計画を練る傾向があります。策略家で相手から本音を聞き出すのが得意。負ける勝負にはのぞまない傾向もあり。やや楽をしたい思いを強くもっています。相手を上手に出し抜く戦法を見つけ出すことが得意です。

♀ 女性

ぼーっとのんびりすることが大好きなロマンチスト。将来の楽しみのために、備えを万全にします。自分の意見がしっかりあり、相手から求められれば意見も述べます。ムダが嫌いで手抜き上手。頭の回転も速いので言い訳も得意です。

β2 リアリストの適職はこれ！

料理人、作家、デザイナー、広告マン、レジャー関連、占い師 など

※外的要因などにより異なる場合もあります。

β2 リアリストの有名人

松下幸之助（パナソニック創業者）、**渋沢栄一**（実業家）、**マーク・ザッカーバーグ**（Facebook共同創業者兼会長兼CEO）、**鈴木敏文**（セブン&アイ・ホールディングス名誉顧問）、**マイケル・デル**（デル創設者兼会長兼最高経営責任者）、**羽生結弦**（フィギュアスケート選手）、**木村拓哉**（元SMAP）、**櫻井翔**（嵐）、**前田健太**（メジャーリーガー） など

β2 リアリストは だいたいこんな人

特徴

将来的に自分の夢を実現させるべく長いスパンで勝負する
ペース配分が必要な勝負に強い
今はダメでも最終ゴールではヒーロー&ヒロインになる
神経質で疑り深い
ロマンを大切にしながらも堅実で実質的な路線を貫く

嫌いなこと

- 裏表のある話をされること
- プライベートな話に立ち入られること
- 恩を着せられること
- 疑われること
- 裏づけのないことを押しつけられること
- 子ども扱い、甘く見られること

好きなこと

- 温泉や南の島でのんびりすること
- 将来の夢やロマンを創造すること
- 健康管理をしてセルフコントロールをすること
- いつもきちんと清潔にしておくこと
- 芸術的なこと

物事を判断するための基準

- 夢やロマンを感じられるか
- 夢を目指してコツコツ頑張っているか
- 地道さが感じられるか
- 奥が深いか
- バイタリティがあるか
- 自己管理ができているか
- 清潔感があるか

自分らしいと感じる環境

- 人生に夢とロマンを感じられる環境
- 自分とその生活を大切にできる環境
- たまにはゆったりできる環境
- 奥が深く、一直線に自分の精神性を高められる環境

やる気が出ること

- 今はダメでも頑張れば確実に夢に近づくと思えること
- 温泉などでゆっくりさせてもらえること
- 少し頑張れば手の届く目標をもち続けること
- 具体的な自分の夢をもつこと

得意分野

- 長期的に売れる商品や形を考えて提供する分野
- 将来に楽しみをとっておけるように考えられる分野
- 帳尻合わせが必要な分野
- 気長に展開できる分野

このタイプの人への対応方法

- 体験をさせる
- 裏をとる
- 最悪のケースを伝えておく
- 夢とロマンを伝える
- 理想主義を理解する
- やさしくいたわる
- 愛情をこめて接する

他人にストレスを与えてしまうこと

- 自分の目で確かめないと信じないこと
- 何か裏があるのではないかと疑り深いこと
- 今すぐやらなくてもOKと考えがちなこと

よく見られる行動パターン

- 用心深く相手の言葉や態度の裏を探る
- 現状では満足できず行動を重ねていく
- 自己コントロールにきびしい
- 自分の生活スタイルをもっている
- ほめてけなして相手をその気にさせる
- 勝負上手

意識しやすい言葉

- 「最悪の場合はこうします」
- 「ゆっくりとくつろいでください」
- 「自分の夢をかなえませんか」
- 「これだけの裏づけがあります」
- 「老後が楽しみですね」
- 夢、ロマン、地道

β2 リアリスト

体験談

※［　］内は、センターシード・フェイスシード・エマージェンシーシードの順

老後は南の島への移住が夢

時東翔之介さん（仮名）［β2・β2・θ2］

「夫婦そろってβ2の我が家。健康管理はいつも万全です。サプリメントや水のほか健康情報は常にチェックして実践中!　老後は南の島に移住して、のんびり過ごすのが二人の大きな目標です。老後の楽しい生活を妄想しながら、日々コツコツと頑張っています」

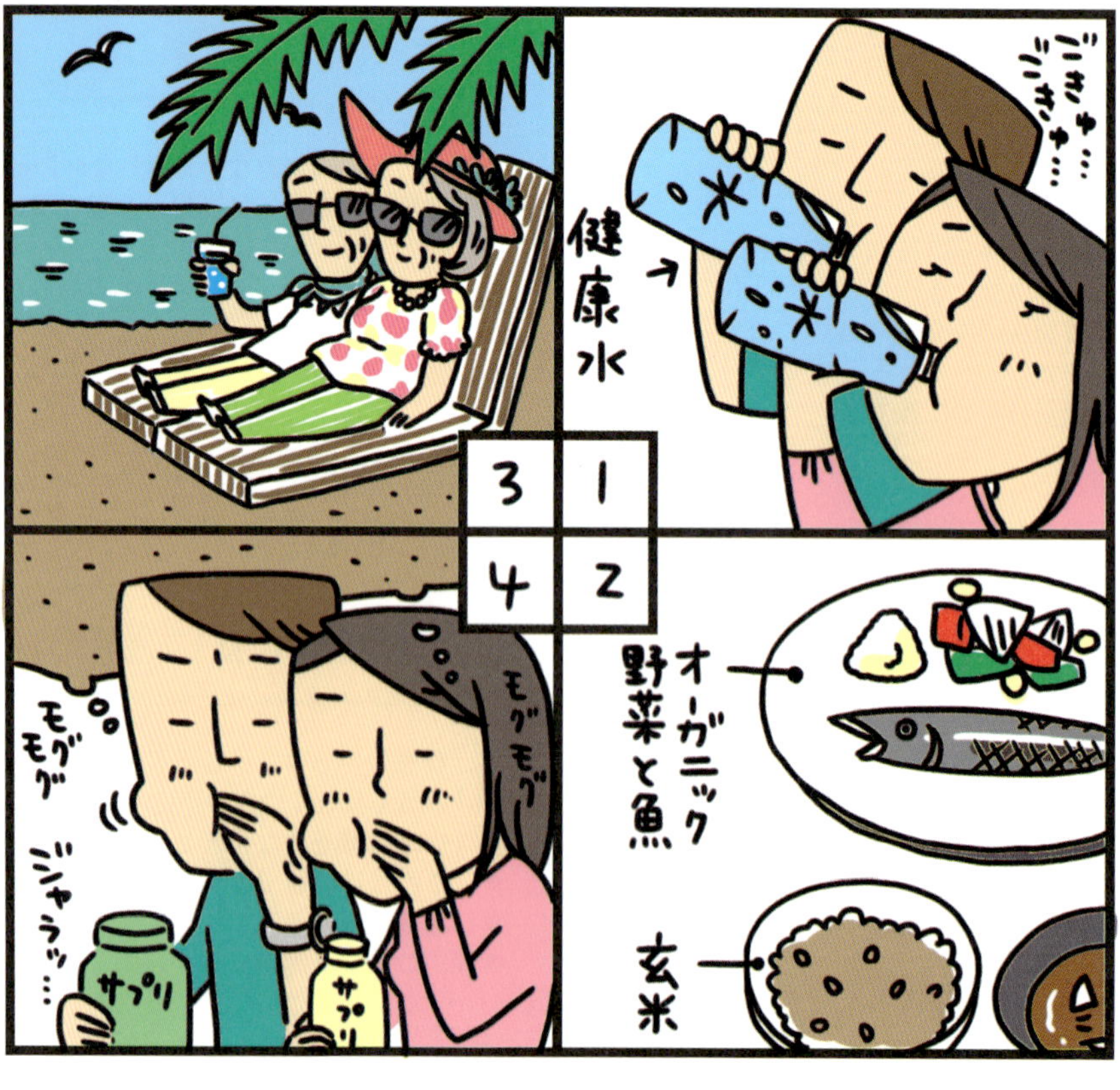

「あなたのために～」と いうけど頼んでない!

槙田佳織さん（仮名）［β2・β1・θ3］

「同期のS子さんはθ3。やたらとベタベター緒にいたがります。それは、まぁいいとして、一番ストレスなのが『あなたのためにコレ買ってきたの～』などと、やたらと『あなたのために』を連呼すること。私は一度たりとも頼んだことはありません！」

考え方が年寄りくさいと言われる

山脇太一さん（仮名）［β2・θ2・β2］

「β2のせいか昔から**『考え方が年寄りくさい！』**と周囲から言われ続けてきました」

子ども扱いされるのは許せない

中條亜由美さん（仮名）［β2・β2・θ4］

「私は**子ども扱いされるのが小さい頃から大嫌いでした！** だからわが子にも一人の小さな大人として接するよう心がけています」

貯金は趣味と言っていいほど大好き!

町田仁さん（仮名）［β2・θ1・β1］

「何をするにも保険がないと安心できません。僕にとってお金をとっておくのも保険と同じ。だから**貯金は趣味と言っていいほど大好き**です。年金も将来もらえるかどうか不安なので、個人年金にも加入して万全の備えをしています」

リスク回避、リスクへの備えは当然です

笹本由莉耶さん（仮名）［β2・β1・θ1］

「結婚して2年目。**将来のことを考えながら、リスク回避、リスクに備えるのは当然**だと思うのですが、α1の夫は目の前のことしか考えないので、とっても不安。子どもを産むのをあきらめるか、離婚か……というもう一人の私の心の声が聞こえてきます」

β3 オリジナリスト

マイペースで独自性を追究する『オリジナリティー重視人間』

マイペースで自分自身の独自性、究極の自分らしさを追究します。ゴーイングマイウェイでオンリーワンを目指すのがβ3です。ユニークな発想や独自のアイデアを出すこと、すでにあるものから企画していくことが大の得意。**「人は人、私は私」と線引きがハッキリしています**。独自性が強いので、自分がほかの人と同じだと思われるのがイヤなのです。最後までやり通す一貫性があるのもβ3の人の特徴です。時代の先を読むことも得意なので、**オンリーワンとして人の役に立てることに対して、じっくりと考えて取り組むと力を発揮**するでしょう。

とても純粋なタイプなので、純粋さゆえに思ったことをそのまま口にしやすく、ストレートすぎる言葉で相手を傷つけてしまうこともあるようです。また、その場の空気や人に合わせて、わざわざ表情を作るようなことはしないので、**周囲からは無愛想・不機嫌と思われがち**です。また、やっていることにケチをつけられること、自分のペースを乱されることが苦手です。自分なりに考えた結果で行動しているので、それを理解しないことやジャマされることを嫌います。**自分の世界、自分のペースが第一の、別名「己ーズ（おのれーズ）」**と言われるゆえんでもあります。

「変わっている」はほめ言葉！

そんなβ3の人に決して言ってはいけないのが「みんなと一緒だね」「普通だね」という言葉。人と違っていたいβ3は不機嫌になり、やる気がなくなってしまいます。逆に「変わっていますね」という言葉は失礼にはあたらず、β3にとってはおおむねほめ言葉でもあるのです。そのほか「ほかの人とはひと味違いますね」というひと言でとても喜ぶのも特徴です。また、「普通はこうしますよね」と会話に〝普通〟をおり交ぜながら伝えると、「じゃあ、しない」とまったく逆のやり方を試みようとする傾向もあります。何かをやってもらいたいなら「どうせやらないよね」という聞き方をすると「やるかやらないかは自分で決めますよ」と、やってもらう方向に持ち込むことも可能でしょう。

また、自分でじっくり考える時間が欲しいため**即断即決を嫌います**。ましてや「すぐ決めてください」とせかされると逆に決めたくなくなってしまいます。β3には「納得するまで一晩じっくり考えてから結論を出してください」というのが正解です。もし、β3に即断即決をしてほしいなら「すぐには決められないですよね」とβ3の性質を利用すれば「いや、今決めるよ」と言うはずです。

買い物では、一点物、最後の品に非常に弱い傾向があります。β3の私の知り合いCさんも家族でさんざん買い物をした後に、ちょっと変わった店舗を見つけたので「もう買わないけどね」と言って入ったにもかかわらず、店員から「お客様、こちら一点物でございます。これが最後です。しかもパラシュートの生地で作られた変わったバッグです」と説明を受け、即座に「買います」と言ってしまったと話していました。

こんな例もあります。β3同士の両親にθ3の子どもが生まれました。「自分のことは自分でしなさい」というのはβ3の人からすれば当然のことですが、θ3のこの息子さんは中学1年生になっても、「お母さん、一緒に寝たい」「お父さん、これ一緒にやりたい」ととにかくβ3の両親にベタベタしてくるので、「これはおかしい!」と息子さんを病院へ連れていき脳波の検査をしたというのです。やっぱり変わっていますよね……。もちろん息子さんは正常でした。ただたんにθ3の性質が出ていただけだったのですが……。このご両親がすばらしいのは、息子が正常なら自分たちがおかしいのか、と両親も脳波の検査をしたといいます。もちろんこちらも正常です。その後、パーソナルシードに出会い、「やっとわかった!」と納得されました。

男女別の特徴

♂ 男性

裏表なく、飾り気のない性格です。合理的で円滑に物事が進むよう、しっかりと独自で考え行動します。このため、人から指示されてもその通りにあまり動きません。普通を嫌い、人と違うことに喜びを感じるタイプ。自分流がモットーです。

♀ 女性

個性的な思考で、周りからは一目置かれる存在です。芯が強く、自分にきびしい性格です。他人は他人、自分は自分のため、集団行動は苦手なタイプ。聞き上手で裏表のない性格から、人から相談を受けることもしばしばあるようです。

β3 オリジナリストの適職はこれ！

発明家、冒険家、化学者、作家、陶芸家、芸術家、ミュージシャン、俳優　など

※外的要因などにより異なる場合もあります。

β3 オリジナリストの有名人

堀江貴文（ライブドア元代表取締役社長CEO・SNS創業者）、**チャド・ハーリー**（YouTube創立者の一人）、**マリッサ・メイヤー**（Yahoo！元CEO）、**井上陽水**（ミュージシャン）、**香取慎吾**（元SMAP）、**浅田真央**（フィギュアスケーター）、**二宮和也**（嵐）、**本田圭佑**（プロサッカー選手）、**竹野内豊**（俳優）、**所ジョージ**（タレント）、**ジャッキー・チェン**（俳優）、**リチャード・ギア**（俳優）　など

β3 オリジナリストはだいたいこんな人

特徴

自主性が強いワンマン気質
自分にしかできないことを追究する
他人とは同じようにしたいとは思わない
時代を見通す洞察力がある
理論的思考が得意
臨機応変な対応に弱い
人とは違うアイデアをじっくりと考える
オンリーワンのナンバーワンを目指す

嫌いなこと

- 人まね
- ペースを乱されること
- ケチをつけられること
- 他人の考えを押しつけられること
- 途中の経過報告がないこと

好きなこと

- オリジナルなアイデアを考えること
- 時代の先を読むこと
- 一人でじっくり考えること
- 一貫性のあること

物事を判断するための基準

- 2～3年先でもチンプにならないか
- 究極のものか
- じっくり考えてもいいと思えるか
- 希少価値があるか
- 筋道が通っているか

自分らしいと感じる環境

- ゴーイングマイウェイが許される環境
- マイペースで初志貫徹できる環境
- 創意工夫したことを評価、いかされる環境
- 人に奉仕して喜んでもらえる環境

やる気が出ること

- 自分のやり方でやらせてもらえること
- マイペースが許されること
- 自分以外に代役がいないと期待されること
- これしかないと納得できること

得意分野

- 独自のイメージをつくる分野
- 形になったときの究極の構想を練ることができる分野
- 周囲とのバランスを考える分野

このタイプの人への対応方法

- 筋道を立てる
- この人のペースに合わせて対応する
- 集中しているときはジャマをしない

他人にストレスを与えてしまうこと

- なに気ない言葉で相手を傷つけること
- 初対面では特にとっつきにくいこと
- 考えてばかりで行動がともなわないこと

よく見られる行動パターン

- 周囲に左右されずわが道を行く
- 不愛想でとっつきにくい
- なかなか人と打ち解けない
- じっくり考えたことは最後までやり通す

意識しやすい言葉

- 「変わっていますね」
- 「独自性がありますね」
- 「アイデアを貸していただけませんか」
- 「じっくりと考えて決めてください」

β3 オリジナリスト

体験談

※［　］内は、センターシード・フェイスシード・エマージェンシーシードの順

ペースを乱されるのはストレスフル！

五味正弘さん（仮名）［β3・θ2・β2］

「入社まもないθ2の後輩はいつも私が考え事をしているときに限って話かけてくる。それもあまり重要でも急ぎの話でもなし。最初のうちは付き合って相槌くらいは打っていましたが、今は話しかけるなオーラを出してシャットアウト。ペースを乱されることがどれほどストレスか、話はしているのですが、なかなか理解してもらえず困っています」

人を傷つける言葉をサラリと言う

麻生砂羽さん（仮名）［β3・β2・θ4］

「**夫婦ゲンカで言葉がキツイ**らしい……。そんなつもりはまったくないのですが、『人を傷つける言葉をサラリと言うよね』とθ1の夫に涙目で訴えられたときには、さすがに気をつけないといけないなぁ、と反省しました」

第一印象は無愛想で怖いが定番

粕谷庄司さん（仮名）［β3・θ3・α1］

「『**無愛想で怖い**』。これが周囲からの私の第一印象の定番。親しくなってから『粕谷さん、本当に怖かったんですよ。近づくなオーラ出しまくり！』などとからかわれるのですが、私からすれば、初対面の相手に愛想をふりまいてヘラヘラする意味がわかりません。相手に合わせる必要性がどこにあるのか不思議です。**自分は自分、人は人。**それで理解し合えないのであれば、縁がなかったと割り切ればいいのではないでしょうか」

いいアイデアはジャマされず一人で考える

小堀博光さん（仮名）［β3・θ4・α2］

「**自分のペースで自分独自のやり方で、誰にもジャマされず考える**と、いいアイデアが浮かんでくる」

β3の目覚めをまじかに見た！

東野浩二さん（仮名）

「自由奔放なお兄さん（α3）の分まで、両親からのプレッシャーをかけられていた大学生のSくん（β3-θ4-θ3）。親の期待に沿うべく、受験を頑張ったそう。β3のわりに自己主張はなく優しいほんわか雰囲気だったのが、『自分らしさ』に目を向けるようになってからは一辺！　それまではしていなかったパーマや服装も個性的に！　今までは親の期待に応えるために『自分』を押さえていたよう。でも最初はそれに気づいていなくて個性的な自分が顔を出すと違和感を感じていたほどだとか。本来の自分らしさを取り戻しものすごくイキイキしていました！」

誰かがそばにいると集中できない

馬場優香さん（仮名）
［β3・α2・θ4］

「θ2の息子は、一人で勉強するのが苦手。そばにいて見ているだけでも集中するし、成績もグングンアップ。私は**誰かがそばにいると集中できない**ので親子でも全然違うと驚きます」

「変わってますね」と言われると実はうれしい

篠原樹さん（仮名）［β3・α1・θ1］

「『**変わってますね**』とよく言われます。悪い意味や嫌味で言う人もいるのでしょうが、僕からすれば、個性的な人だと評価されているようで何だかうれしいのが本音」

β4

ディレクター

トータルバランスを重視する『自由・平等・博愛主義者』

全体のバランスがなにより大事で、かたよりや不公平を見ると放っておけなくなる実質的大人の気質です。オールラウンドプレイヤーとも言えます。

マイペースな自信家で「なせばなる」「やればできる」という声が心のなかでつねに聞こえるタイプで、**メリット、デメリットも考えるしっかり者**です。物おじしない人も多く、周囲からはつねに堂々としているイメージをもたれています。

また、「欲しいものを、欲しいときに、欲しいだけ手に入れる」あるいは、「やりたいことを、やりたいときに、やりたいだけできる」「行きたいときに、行きたい場所に、行きたいだけ行ける」自由を手に入れたいといつも考えています。自由人のα3から言わせれば、「そんなせまい自由でいいの？　もっと大きな自由じゃなくて?」と思うのですが、β4の人はそういうことが自由だと考えているのです。

自由・平等・博愛の精神をもっているのも大きな特徴です。**ハンデのある人、困っている人などを見ると放っておけません**。義理堅く、礼儀・礼節にうるさい面もあります。で

すから**言葉の使い方には非常にうるさい人が多い**ようです。β4の人との会話では、上から目線の言葉や言い回しはさけるようにするのが無難でしょう。

にもかかわらずほかのシードに比べて、言葉がキツクなる傾向があるのも特徴です。本人には自覚はないのですが、「そんな言い方しなくても……」というぐらい、きびしい言葉を使っているケースもあるようです。たとえば、**自分ができることは相手もできると思いがち**で、ついつい「なんで、できないの？」という言葉を使ってしまいます。

さらに物おじしない姿勢の持ち主ということから、人からはエラそうに見えることもあるようです。実際はどうあれエラそうに見えるので、相手が勝手に恐縮してしまうことがあります。メリットとしては、物事を優位に進めることができるのですが、**黙っていると怖いという印象をもたれる**こともあるようです。

我慢強く、追い込まれると脅威のねばりを発揮

いろいろなことをマルチに全体像を知りたがるのもβ4の人の特徴のひとつ。全体のバランスをとるために全体像を把握したがり、全体が見えたうえで、何事にも動き出したいタイプです。

物についても、マルチに使える万能性を備えている**多機能なものを好みます**。たとえば、温度計・湿度計・タイマー・スケジュール帳がついたダイバーズウォッチや、ノコギリ、ハサミ・爪きり・ライト付のナイフなど、多機能万能製品にひかれます。女性でも多機能ナイフに興味を示し、購入する人もいるようです。

マルチタレント性を発揮して、**さまざまな仕事をトータルにこなすことで個性をいかせるシードです**。全体のバランスを見て進行することができるため、芸能界ではMCをこなすタレントさんにもβ4が多いでしょう。

非常に我慢強い気質もあります。台湾の足裏マッサージに一緒に行ったβ4の女性もそうでした。私も含め全員が痛くて声を上げているのに、何も言わずに平然とした顔をしているのです。施術の後に痛くなかったのかと聞くと、「痛いと言いたくない」と。彼女も痛みは感じていたのですが、我慢して「痛い」と言わなかったということなのです。

また、**追い込まれると脅威のねばり強さを見せます**。プロテニスプレイヤーの錦織圭さんもβ4なのですが、ファイナルセットでの勝率で世界のナンバーワンにもなっています。２０１８年の全豪オープン2回戦のファイナルセットは0―40という1ポイントでも落とせば負けという大ピンチからの大逆転でした。追い込まれるといい意味での開き直りや底力が出てきて、よいパフォーマンスにつながるのでしょう。

男女別の特徴

♂ 男性

自由・平等をこよなく愛する、面倒見のよい性格。何事も「為せば成る」と考え、人にもそれを求めがち。プライドが高く、礼儀にうるさく、自分にも人にもきびしいタイプ。全体のバランスを保つ感覚にすぐれ、組織をまとめる役職にピッタリ。

♀ 女性

華やかで、人から注目を集める誠実な人柄です。自由・平等・博愛をモットーに自分のペースで行動します。笑顔でキツイことを言うのに、本人はそれに気がつかないこともありますが、そこもバランス感覚でうまくカバーします。

β4 ディレクターの適職はこれ!

［教師、政治家、評論家、公認会計士、弁護士、作曲家、ディレクター、指揮者、タレント、脚本家 など］

※外的要因などにより異なる場合もあります。

β4 ディレクターの有名人

藤田晋（サイバーエージェント代表取締役社長）、**ウォルト・ディズニー**（ウォルト・ディズニー・カンパニー共同設立者）、**タモリ**（お笑いタレント）、**明石家さんま**（芸人）、**錦織圭**（プロテニスプレイヤー）、**王貞治**（元プロ野球選手）、**内村航平**（プロ体操競技選手）、**小堺一機**（お笑いタレント）、**福山雅治**（ミュージシャン・俳優）、**桑田佳祐**（ミュージシャン）、**原由子**（ミュージシャン） など

β4 ディレクターは だいたいこんな人

特徴

自信家でマイペース。物おじ、人おじしない
「為せば成る」という精神性がある
取りかかるのに時間がかかる
基本がわかると徹底して取り組み、ねばり強さがある
義理堅いマルチプレーヤー
自分の思い込みで周囲を推しはかる
かたよりや不平等を見ると放置できない
全体像のなかでトータルバランスをとる

嫌いなこと

- ペースを乱されること
- 誠意と義理が感じられないこと
- 言い方や口のきき方が悪いこと
- しつこくされること
- 迷惑をかけられること
- 興味のないことを押しつけられること
- 時間を守らないこと

好きなこと

- トータルバランスをとること
- 全体の構図を決めてからじっくり考えること
- 誠心誠意取り組むこと
- 好きな物事を飽きるまで続けること
- 全力投球をして何とかモノにすること

物事を判断するための基準

- 誠実さが感じられるか
- ねばり強いか
- 万能か
- 全力投球する集中力があるか
- 努力しているか

自分らしいと感じる環境

- 他人などに惑わされることなく自分のペースで生きていける環境
- 平和な環境
- 腹を割った付きあいができる環境
- 裏表や駆け引きがない環境

やる気が出ること

- 納得するまで考えて自分のペースで進めていけること
- 結果を出したときにきちんと評価されること
- 縁の下の力持ちとして周囲から頼られること
- 状況や時間がギリギリまで追い込まれること

得意分野

- 自分自身や扱う商品、サービスをほかと比較しても勝てるようにとことん磨きをかけて守る分野
- どこから見ても負けないようにバランスよく仕上げる分野
- 自分の極限の姿と、その際の防衛と調和をはかる分野
- 学術分野

このタイプの人への対応方法

- 誠心誠意で対応し、義理人情を大切にする
- 自由であることを認め、平等の精神をもつ
- 平気なフリをして強がることを理解する
- ほめるのも、けなすのも遠慮がないことを理解する

他人にストレスを与えてしまうこと

- ミスをしてもすぐにあやまらないこと
- 自分ができればみんなもできると思うこと
- どんな相手にも悠然とした態度をとること

よく見られる行動パターン

- 反応するまでに時間がかかる
- これだと思ったものは絶対にあきらめない
- のんびりしすぎて後であせる
- 必要な分より少し多めに用意する
- 正しいこと、もっともなことしか言わない

意識しやすい言葉

- 「興味はありますか」
- 「バランスがいいですね」
- 「自分のペースでいいですよ」
- 「じっくり考えて納得してからお決めください」
- ねばり強い、万能、わが道を行く、誠実

β4 ディレクター

体験談

※［　］内は、センターシード・フェイスシード・エマージェンシーシードの順

トータルバランスを考えた旅行が好き

吉村理子さん（仮名）［β4・θ1・β1］

「美味しい食事、観光スポットめぐり、快適な宿……など、私は**トータルバランスを考えて旅行プランを練りたい**し、年ごとに海も山も都会も田舎にも行きたい！　ところがβ2の夫はというと、とにかく沖縄かハワイの二択しか提案してきません。それも現地ではホテルの敷地内からほとんど出ることもなく、ぼんやり過ごすだけというプランも何もない旅行になりがちで、かたよりが激しくバランスが悪くてイライラ」

なんでもできる器用貧乏

北野光一さん（仮名）［β4・θ2・β2］

「どんなことでもそれなりにできるのが強みだが、いわゆる**器用貧乏で損な役回りも多い**気がする」

決断をせかされるのはすごくイヤ！

白井晴彦さん（仮名）［β4・β1・θ1］

「**メニュー選びでさえ時間がかかる**ので、友人からいつもせかされる私。時間をかけてじっくり考えてから答えを出したいので、仕事の重要案件で、『今すぐ回答もらえないと困るんです……』などと部下から言われるのはすごくイヤ！」

多機能・高性能に即反応!

石川悠馬さん（仮名）［β4・α2・θ4］

「**多機能**なものが本当に好き！　高性能であればさらにいい！」

なじみの店の店員でも失礼な言い方は許せない

江崎泰文さん（仮名）［β4・β2・θ2］

「長年通っているなじみの店でオーダーミスをされたことがあります。決して私はクレーマーではありませんので、仕事上のミスは誰にでもあることだから仕方がないと思っています。でも、その店員は、言い訳ばかりして、まったく誠意がありません。ましてや**失礼な言い方はどうしても許せません**でした。長い付きあいのお店でしたが、きっちりハッキリと、かなりキツイ言葉を使ってクレームをつけました」

上の立場の人にも物申す!

土屋克己さん（仮名）［β4・θ4・θ3］

「不平等な報酬体系が目に余り、自分よりかなり上の立場にある部長にくってかかったこと数回。その後の同僚との呑みの席ではヒーロー扱いですが、査定には大きく響いた模様。妻からは叱られます……」

家族との関係が劇的に変化! 那須野舞子さん［β4］

「いつも母の言葉にはイライラ、2歳と5歳の娘の言動にはイライラ。とにかくいつもイライラしている私でした。しかし娘2人は「目の前のことに全力投球」であるβ1だということがわかり、全体像を把握してからマイペースに進みたいβ4の私とは時間の感覚もまったく違うことがわかりました。母親は静岡で一人暮らしをしているので、私とは離れて暮らしています。電話やLINEでいつも何カ月も先の遊びに来る日の待ち合わせ時間やどこに食べにいくのか決めたがったり、常に心配性で仕事はどうだ、子供たちは風邪は引いてないか、毎日のように連絡が来ることもありました。私は放っておいて欲しいと、うっとおしいとまで感じていました。しかし母親がα2プラクティショナーで、「不安な気持ちをエネルギー源に努力をする」「常に危篤状態、緊急事態という状態にある」人だと知り、なるほど～～～と納得しました」

α1

チャレンジャー

夢と希望に満ちあふれた『天真らんまんな挑戦者』

チャレンジ精神旺盛で、何があっても七転び八起きで立ち上がり、夢と希望に満ちあふれるα1の人。「ダメなら次！」と、次から次へと新しいことにチャレンジし、**過去は一切振り返らない性質**です。あれもこれもと興味がわいてきて、何でもかんでもチャレンジしてみたくなるのです。さまざまな場所に顔を出し、可能性を感じる間は、目標に対してねばり強く何度でもトライします。そのため、α1の人は資格を取るのが大好きで、次から次へと資格を取っていく**資格マニアが多い**のが特徴です。ただし、**興味がなくなると急にトーンダウンする飽きっぽい人も多い**でしょう。

最前線の切り込み部隊的な気質もあります。**新規開拓が得意**で、つねに新しいところに行っていることに自分らしさを感じます。大きな願望をもって可能性を追求することで力を発揮できるタイプです。α1の経営者といえば楽天創業者の三木谷浩史さんなど、多角的にいろんなものに手を出す傾向があります。タレントの片岡鶴太郎さんも、お笑いや俳優活動にとどまらず、プロボクサーになったり、書道家、画家、ヨガマスターなど多方面で才能を発揮しています。元横綱・若乃花の花田虎上《まさる》さんが大相撲引退後にプロアメリカンフットボール選手に挑戦して話題になったこともありました。

私のα1の知人はスーパーのオーナーですが、やはりいろんなことがやりたいタイプ。スーパーなのに店内にディズニーの専門ショップや占い広場などを設けていました。話を聞けば旅行先で「あ、これいいな」と思うと、自分の店にもすぐに取り入れたくなるのだとか。同じαシードのα2が専門店を好むのに対して、α1はショッピングモール、雑多であっても新規開拓を好むと言えばわかりやすいでしょうか。

また、いろいろやりたがるα1の子どもに「ひとつのことに集中しなさい！」とβシードの親などは言いがちですが、それはα1の才能をつぶすことにもなりかねません。すべてやらせてあげてから、本人に取捨選択をさせるのがα1の子どもを伸ばすコツです。

クレーム処理など後ろ向きな話や状況は苦手

周囲からはかっこよく見られたいので、結果もただの成功ではなく〝大成功〟のほうがいいと思いがちです。とにかく派手なほうがよく、ただの運動会ではなくて大運動会がいいし、ただの掃除じゃなくて大掃除がいい！　といった具合です。かっこつけるときには理知的な話をしたがるのもα１あるあるでしょう。そんな超前向きなα１の人は、クレーム処理などの後ろ向きな話や状況は苦手です。また、一見ふんわりとした大人しい雰囲気に見えますが、**キレると非常に怖いタイプ**でもあります。

行動範囲が広がると、目にするものすべてが新鮮に映り、さらに好奇心旺盛に何でも興味をもって挑戦していきます。こうと決めたら一直線に進んでいく純粋さとともに**白黒ハッキリさせたい性格で、関係修復が難しくなるほどキッパリ言いすぎて反感を買うこともある**ようです。話題の中心でいたい、注目される存在でありたいという思いもあり、ほめられることも大好きです。α１自身が何かを指摘されるのを嫌うので、相手に対しても指摘はせず、悪口も嫌いです。**悪口は言いませんし、悪口を言っている人の近くに寄りつくこともありません**。ですから、いい人たちに囲まれた環境を好みます。

α１の人が気をつけたいのが、ちょっとズルい人間に利用されないようにすること。人からの頼まれごとをすべてＯＫしてしまいがちなのです。芸人の間寛平さんもα１ですが、何人もの知人の連帯保証人になって「歩くハンコ屋」というあだ名がついたといいます。自身の借金も含めて、返済に苦労したのは有名な話です。

そのほか、α１との連絡は即レスが基本です。待つことが苦手というか、待てないタイプの人が多いのもα１の大きな特徴ともいえます。

男女別の特徴

♂ 男性

七転び八起きでどんどんチャレンジする性格で好奇心旺盛。スピーディな行動力が持ち味で、過去にはこだわらないプラス志向。夢に向かって突き進むタイプ。プライドは高く、人からつねに注目されたいため、大げさにアピールすることも。恥をかかされるのは大嫌い。

♀ 女性

すぐれた直観力と好奇心旺盛さで、新しいものを取り入れる華やかなタイプ。プライドが高く、知ったかぶりをしてしまうことも多いようです。持ち前の行動力と好奇心から、さまざまな資格をもっている傾向が強く見られます。

α1 チャレンジャー の適職はこれ!

ベンチャー企業、IT関係、貿易関係、外科医、政治家、ライター、カメラマン、美容師、スポーツ選手 など

※外的要因などにより異なる場合もあります。

α1 チャレンジャーの有名人

三木谷浩史（楽天創業者）、**山中伸弥**（京都大学教授・ノーベル生理学・医学賞受賞者）、**永守重信**（日本電産創業者）、**山内溥**（任天堂代表取締役社長）、**石田純一**（俳優）、**草彅剛**（元SMAP）、**滝沢秀明**（元タッキー＆翼）、**工藤静香**（歌手）、**布袋寅泰**（ミュージシャン）、**掛布雅之**（元プロ野球選手）、**仲間由紀恵**（俳優）、**千原ジュニア**（芸人） など

α1 チャレンジャーは だいたいこんな人

特徴

チャレンジ精神が旺盛
天真らんまんで夢と希望に満ちあふれている
失敗を恐れずに一直線にひた走る純粋さがある
負けず嫌いで一本気
速攻に強いが、思わぬ障害には弱い
軽はずみ的な人のよさがある
四方八方に可能性を感じて手を出していく

嫌いなこと

- 失敗したときにネチネチ叱られること
- 待たされること
- 中途半端な対応をされること
- 中傷や悪口を言ったり聞くこと
- チャレンジする意欲を妨げられること
- 言い合いでやり込められること

好きなこと

- 何にでもチャレンジすること
- 大きな願望をもって可能性を追求すること
- 自分の推理をいかすこと
- 物事の組み立てをすること
- 難問に取り組み素早く解決策を見つけること

物事を判断するための基準

- チャレンジ精神をくすぐられるか
- 行動力がいかされるか
- ファイトを感じられるか
- 実践第一であるか
- 攻めの姿勢が評価されるか
- 面倒見がいいか
- 好きにさせてくれるか

自分らしいと感じる環境

- 抑制されない環境
- 好奇心を刺激される環境
- スピード感がある環境
- 相手の気持ちを疑わずにすむ環境
- いい人ばかりに囲まれた環境
- 変化のある環境

やる気が出ること

- 自分の思い通りにやらせてもらえること
- 「願望は必ず実現する」と信じられること
- 夢、希望、可能性を感じること

得意分野

- 新規開拓分野
- これだと思ったものを広める分野
- 大企業や海外を相手に何度も挑戦する分野
- 自身や扱う商品の可能性を信じて追究する分野

このタイプの人への対応方法

- 白黒をハッキリさせる
- 理論的に納得してもらう
- やりたいことはやらせる
- イメージを広げる

他人にストレスを与えてしまうこと

- いろいろと手を出して中途半端になること
- 軽はずみ的な人のよさでOKすること
- 思わぬ壁に弱いこと

よく見られる行動パターン

- いつも元気いっぱいで忙しそうに動き回る
- 白黒をハッキリさせたがる
- やりたいことは遠慮なく突進する
- キッパリものを言いすぎて反感をかう
- やられたらやり返す

意識しやすい言葉

- 「純粋な人ですね」
- 「挑戦してみませんか」
- 「解決方法がすぐにわかります」
- 「任せた」
- 「ファイト」
- 実践第一、冒険心、好奇心

体験談

※［　］内は、センターシード・フェイスシード・エマージェンシーシードの順

過去は生ゴミ！

小室清史郎さん（仮名）［α1・β4・θ4］

「θ4の妻は、過去にとらわれすぎ。私は“過去なんてゴミと一緒”ぐらいに思っているのに、妻は過去の悪いことまでほじくりだして落ち込みます。自分の可能性を信じて、挑戦する前向きな気持ちを持ってもらいたいのですが、妻には難しいらしく『大丈夫だよ、次行こう、次!』と励ます日々です」

元気に忙しく動き回っています

坂口幸さん（仮名）［α1・β3・θ2］

「『いつも元気だねぇ』とよく言われるし、自分でも**忙しく動き回っているのが大好き！**」

資格マニアで肩書大好き

藍沢若菜さん（仮名）［α1・θ1・β4］

「資格を取るのが大好き！　**名刺の肩書も秘書検定やFP**など4つ。今もコーチングの勉強中なのでさらに増える予定です。ほかにも十数個の資格をもっていますが、森林セラピストなど今となっては『なぜ取った？』というものも多いのは内緒です」

深く考えずにOKしてしまうクセあり

永田和義さん（仮名）［α1・β3・θ3］

「**人から頼まれごとをされると深く考えずについ『OK！』**と受けるクセあり。何度もそれで痛い目を見たのですが、やっぱり『何とかなるさ』と思ってOKしてしまいます。β2の妻から結婚後は、リスクをまず考えるようにと再教育されています」

ウワサ話や悪口は聞きたくない！

菊池翔太さん（仮名）
［α1・θ2・β3］

「同じ店舗のスタッフ、θ2のRさんのウワサ話や人の悪口を休憩時間に聞かされるのには辟易。できるだけ同じシフトに入らないようにするなど対策中です。僕の場合、**悪口を言う女性ともお付きあいはきびしい**」

新規開拓でトップセールスマンに

矢部昌伸さん（仮名）［α1・β4・θ1］

「営業職なのですが、**新規開拓が性に合っている**ようで楽しいです。今期も新規開拓のトップセールスで表彰されました」

α2 プラクティショナー

その道のプロや職人を目指す『寡黙に実践する人』

不安な気持ちをエネルギー源に素早く行動するファイトマンタイプのα2。12タイプのなかでもっとも不安感が強く、つねに後がない、追い詰められた状態にあります。不安をエネルギー源として行動しますが、もともと不安感が強いところに、さらに人から不安を与えられると動けなくなってしまうという傾向があるので、注意が必要です。

不安や気がかりなことで頭がいっぱいになってしまったときブツブツとひとり言を言うことがありますが、実はこれ、周囲へのメッセージなのです。もしα2の人が、あーでもない、こーでもない、と言っていたら「どうしたの？」と聞いてあげてください（殿・姫扱いで大いに持ち上げながら聞くとさらによし）。行き場のないわき上がるエネルギーをどうにかしたいと思っているのです。

また、とにかく待つことが苦手です。いつも追い詰められたエマージェンシー状態ですから、相手にすぐに対応してもらわないと命にかかわるぐらいに思っています。α2の人に対しては即対応すると喜びます。**「もう後がない」「あと何時間しかない」「緊急事態だ！」**

という状況になると燃えてきますので、徹夜・一夜漬けが得意です。これはαシード全般に言えることですが、特にα2に顕著です。講演でα2の人に話を聞くと「一夜漬け以外のやり方があるんですか？」と逆に聞かれてしまったほどα2には当然のことなのです。

みんなと一緒が苦手で単独行動を好む

また、α2の人は一生懸命に**努力している姿を人に見られたくない**という精神性があります。勉強していないように見せておいて、実のところ隠れて勉強をしていて、「勉強してないのにどうして？　すごい！」と言われたいのです。だから、みんなで一緒には苦手。みんなと一緒だと、努力している姿を見られてしまいますから、**単独行動を好みます**。言いかえれば、集団行動が苦手なのです。私の娘もα2なのですが、一緒に買い物に行くのさえ嫌います。あっちにふらふら、こっちにふらふらと、自分が興味のないお店に付きあわなければいけないのかが理解できないようです。「自分が買いたいものを買えばいいじゃない」というのがα2の主張です。

α2は頭の回転が早く、記憶力も抜群によいのも特徴で、プロ意識が高い人が多くいます。いいものを模倣し、改良を加え、大きく展開させることが得意です。寡黙な実践者と言われるだけあって、口先の駆け引きは苦手で、目の前のことに全力投球。だから、口先だけで行動がともなわないことを嫌います。

そのほか、特別扱いが大好きなので、サプライズ好きでもあります。自分を驚かし、喜ばすためだけに、いろいろと準備をしてもらったということに特別感を得るようです。

近未来予測ができるのもα2の特徴でしょう。千里眼ということではなく、**推理力、未来に向けてのイメージをわかせるのが得意**なのです。つねにほんのちょっとだけ先読みをするので、周囲からは気がきく、気をつかってくれるという高い評価が得られることもあります。ただし、シードによってはα2の近未来予測に基づく行動がカチンとくる場合もあるので注意が必要です。私が家族と温泉旅行に行ったとき体調が悪くなってしまったことがあります。その際、私以外の家族だけで温泉に入ることになり、私は部屋で休んでいることになりました。テレビでもぼんやり見ながら寝ていようと思ったのですが、α2の娘がいきなりテレビのスイッチをオフにしました。β1の私からすれば「何だよ！ いきなり」とカチンときたのですが、後々、聞いてみると「体調が悪くて休むときにテレビの音がうるさいだろうから消してあげた」と考えての行動だったようです。このあたりは、相手のシードによって、その行動に対する受け止め方は違ってくるので、「うるさいだろうから、テレビは消すね」とひと言を添えたほうが人間関係はうまくいくのでしょう。

男女別の特徴

♂ 男性

ネガティブな思考から行動を考え、しっかりとリスクに備えるタイプ。コツコツと努力、準備をおしみません。やや気が短い性格から、その日にやれることは完結させたい性質があり、一夜漬けもしばしば。持ち前の直観力で敵味方を鋭く見抜きます。

♀ 女性

おおらかで、愛情深い努力家です。一度決めたらテコでも動きません。普段は温厚でめったに怒ることはありませんが、怒ると手がつけられないことも。周囲の意見が気になるのに、目の前の意見を聞いていないという変わった面もあります。

α2 プラクティショナーの適職はこれ!

パイロット、大工、建築士、指圧師、弁護士、公認会計士、専門医、飲食業 など

※外的要因などにより異なる場合もあります。

α2 プラクティショナーの有名人

稲盛和夫（京セラ・第二電電（現KDDI）創業者）、**ジャック・ドーシー**（Twitter共同創設者兼CEO）、**伊集院光**（タレント）、**中居正広**（元SMAP）、**ローラ**（モデル・タレント）、**DAIGO**（ミュージシャン・タレント）、**剛力彩芽**（俳優）、**相葉雅紀**（嵐）、**小泉今日子**（俳優・歌手）、**倖田來未**（歌手）、**一青窈**（ミュージシャン）、**シルベスタ・スタローン**（俳優） など

α2 プラクティショナーは だいたいこんな人

特徴

「努力は天才に勝る」を地で行くファイトマン
口先の駆け引きが苦手で口先よりもまず実行する
行動、実践に全力投球し自分の存在感を示す
プロ意識が強い
記憶力、同化吸収力がある
不安な気持ちがエネルギー源
もう後がないという精神性で行動する

嫌いなこと

- 依頼に対してすぐに動いてくれないこと
- お節介をされること
- 言い訳をされること
- 不安を与えられること
- 試してもみないで口だけ達者なこと
- チームプレーが多いこと
- やかましく言われること

好きなこと

- プロ意識をもってやりぬくこと
- 努力を重ねて結果が出ること
- 根回しをしてみんなが喜ぶこと
- 記憶力がものをいうこと
- 何でもとりあえずやってみること

物事を判断するための基準

- 努力家であるか
- 根性があるか
- プロ意識が強いか
- 吸収力があるか
- 忍耐強いか
- 根回しができるか
- 実行力があるか
- 言い訳をしないか
- ゆったりとしているか

自分らしいと感じる環境

- 不安や心配がない環境
- 邪魔されずに集中できる環境
- 好きなようにやらせてもらえる気楽な環境
- 正統派で規模が大きい立派な環境
- 心のゆとりがもてる環境

やる気が出ること

- お節介をされず自分のやりたいようにやらせてもらえること
- 気分で優先順位が変えられること
- 願望は必ず実現できると信じられること
- その道のプロを目指すこと

得意分野

- 世の中に広まりそうないいものを模倣・改良して大きく展開する分野
- 合理的、総合的な発想でパワーのある組織を展開する分野
- 自分や商品などの可能性や専門性を高める分野

このタイプの人への対応方法

- 要求にはすぐに応える
- 努力と根性を大事にする
- 職人気質を理解する
- 自分のことで精いっぱいのときはフォローする
- 不安を取り除く
- プロセスをほめる
- 殿・姫扱いをする

他人にストレスを与えてしまうこと

- せっかちで待てないこと
- 問題点を見つけて口やかましいこと
- ついついエラそうな態度をとること

よく見られる行動パターン

- やるべきことは、その日のうちにやらないと気がすまない
- いいと思ったことは即行動してみる
- 不安なことがあるとそのことで頭がいっぱいになり落ち着かなくなる
- 不安なことがあるとブツブツ言って周囲に気づいてもらおうとする

意識しやすい言葉

- 「さすが！　すごいですね」
- 「安心してください」
- 「大丈夫、あっという間にできますよ」
- 「好きにしていいですよ」
- 「まかせた」
- 忍耐力、努力、根性、立派

α2 プラクティショナー

体験談

※［ ］内は、センターシード・フェイスシード・エマージェンシーシードの順

努力は見せずに期待以上の成果を出す

本橋直哉さん（仮名）［α2・θ3・α3］

「頑張っている姿を人に見せるのはかっこ悪いので、**誰にも言わずに努力するタイプ**なのはα2の気質と言われて納得。でも、隠れて頑張りますが、期待される以上の成果を出したときの周囲の驚く顔を想像すると、ちょっとワクワクする気持ちもあるんです」

集団行動が苦手で起業を決意

沖田亮一さん（仮名）［α2・α3・θ3］

「林間学校、フィールドワークの授業、修学旅行など、**学生生活での集団行動は本当に苦痛**でした。社会人になるときにはできるだけ単独行動できる専門職を選び就職。それでも組織内では完全に集団行動から逃れることはできず、数年後には独立して起業することに。責任は重いですが今のスタイルが一番ストレスがなく、自分らしく働けています」

追い詰められると実力発揮!

志賀正太郎さん（仮名）［α2・θ4・α4］

「**追い詰められないとやる気が出ない**ので、頑張れないし実力が出せない」

努力と根性でその道のプロを目指す

丹野美紀さん（仮名）［α2・θ3・θ3］

「**仕事をするならその道のプロを目指すべき**と思うので、後輩や部下のミスや問題点を見つけると口やかましくなりがち。努力と根性も仕事上では大切な姿勢と考えるタイプです」

殿扱いされるのが好き

沖田勝則さん（仮名）［α2・θ4・θ4］

「**"殿扱い"** をされるとなぜか落ち着く不思議」

不安になると身動きがとれなくなる

岡山菜摘さん（仮名）[α2・α4・θ1]

「不安なことがあると、独り言を言って周囲にさりげなくアピールしたり、そのことで頭がいっぱいになり、身動きがとれなくなることがあります」

α2の長女との関係が改善!

SNさん（仮名）

「知人の親子の話。β4のお母さんに臨時収入があったから、θ1の長男、α2の長女、β3の次男の３人と買い物に連れていったそうです。θ1の長男は『なんで？なんで？』と遠慮ぎみに選んだとか。β3の次男は『いくつ？いくらまで？』と金額を気にしていたよう！α２の長女は『今日はいいや～』と買いたいものがなかった様子。ここまではある話！　問題はこのあと！　別の日にお母さんと長女で買い物していたら『お母さん！　これほしい！　この前の分で買って！』とおねだり。でもβ4のお母さんは『今日は買う日じゃない！』とバッサリ！後日お母さんに『αタイプはピンとくるかが重要なんですよ！』とアドバイスしたら、納得したようです♪」

僕を待たせるとろくなことにはならない

水口英丞さん（仮名）[α2・α3・θ2]

「とにかく待つのが大嫌い。家族で外食するときは、家を出る時間をみんなでシェアして、妻や娘が間に合わない場合は、『先に行ってるよ』と別行動。文句を言われたこともありましたが、パーソナルシードを学んでからは、僕を**待たせるとイライラして不機嫌**になったり、キツイ言葉でせめられるなどろくなことはないと家族もわかったようです」

α3

ジーニアス

鋭い直感力で無から有を創造する『天才的な自由人』

不思議な人と言えばα3でしょう。私の知り合いの女性のα3は「私って恋愛に向いてないんだけど、フランス人とは結婚する気がするの」などと、β1の私には何を言っているのかよくわからない発言をしたりするのです。とにかく摩訶《まか》不思議です。

また、**型にはまった生活を嫌い、自由気ままな生活を望みます**。鋭い直感力と高い状況判断能力があり、その気になって集中すれば天才的な力を発揮します。12タイプのなかでもっとも直感力があり、思いつきで急に動き出したり、理由もなく天才的なアイデアが浮かんでくるのです。**創意工夫して無から有を生み出すこと、仕組み作り・組織化・システム化することが得意**なα3。「お前に任せた」と仕事を任されると力を発揮します。ワクワク・ドキドキすることが好きで、アイデアを駆使し、ブランディングや組織拡大に強みがあります。

その一方で、面倒なことや、努力・根性は苦手なタイプで「思い立ったが吉日」の精神で自由でいたい傾向があります。**気分が乗っているときと、そうでないときの差が激しい**

のですが、持ち前の直感力をいかせば大成功も夢ではないでしょう。

ただ、直感的な部分と論理的な部分が混在していたり、自由を望みながらも少し束縛されて安心したいという気持ちが同居していたりします。自由気ままなα3の人ですが、自分がさびしいときにはホッと安心させてほしいと思っているのです。**自由でいたいけれども、糸のように細いものではつながっていたい**という感覚でしょうか。

自分の話をするときは、同じ話を何度も繰り返す傾向があるのもα3のあるあるです。そのため話は長くなりがちなのに、人の話は長くは聞いていられない、嫌いというちょっと自己中心的な特徴もあります。また、察してもらいたい、何となく雰囲気をつかんでほしいと思っているので、話すときは物事をあまりハッキリと言わないことも多く、それを周囲が上手に察してくれないのを嫌います。

束縛を嫌い、自由にフワフワ飛び回る

話の途中でも自然と会話に入り込めるのもα3ならではの特徴です。あるお酒の席で、α3の人がトイレのために席を外した間に、それまでとはまったく異なる話題に変わったのですが、α3の人がトイレから戻ってすぐに、みんなの会話に自然に溶け込んでいるの

を見たことがありました。「話題が変わってるのにどうして?」と聞くと、「何となくわかりますよ」と当然のことのように話してくれたのが印象に残っています。

夫婦ゲンカをしたときに突然家から出ていくちょっと子どものようなところもあります。これは家の雰囲気がイヤになり、あてがあるわけではありませんが、とにかくその場の雰囲気から逃れたい一心なのです。突然どこかに消えるのは夫婦ゲンカのときだけでなく、オフィスや友人関係、あるいはお酒の席などでも**その場の雰囲気がイヤになると、スーッといなくなってしまい、「あれ? α3さんは?」と足取りがつかめなくなることもしばしば**です。自由奔放《ほんぽう》すぎて、周囲にとっては理解不能な部分もあります。突然ふらりといなくなったのにもかかわらず、しばらくすると何事もなかったように戻ってきて、会話に参加してくるので、さらに不思議です。

束縛されることには耐えられず、自由にフワフワと飛び回ることが大好きなα3ですが、天気がいいと、出かけたくなる人が多いようです。何らかの目的や場所を目指しているのでは決してなく、とにかく「どこかに行きたい」という衝動にかられるのです。にもかかわらず、α3の人は道に迷うことがとにかく多いようです。火事の煙が見えたので、自転車で煙を頼りに火災現場を見に行くのですが、帰り道は必ず迷ってしまいます。また「こっちが近道だ」と思ってどんどん歩き出しても、結局は迷子になるのです。

男女別の特徴

♂ 男性

自由奔放、ひらめきに従い行動するタイプのため、周囲からは理解不能な部分あり。面倒くさがりで、人から細かく言われることを嫌います。はっきりものを言わない傾向もあります。天才的なアイデアと持ち前の直感力で自由に生きていきます。

♀ 女性

とらえどころのないミステリアスさが魅力。束縛を嫌い、とにかく自由に感性の赴くままにいたいタイプ。人の話はあまり聞かないのに自分のこととなるとあきれるほど長話をすることも。目的が見つかると、それに向かって邁進し天才的な力を発揮します。

α3 ジーニアスの適職はこれ!

[スポーツ選手、クリエイター、タレント、パイロット、漫才師、アーティスト、デザイナー　など]

※外的要因などにより異なる場合もあります。

α3 ジーニアスの有名人

平井一夫（元ソニー代表執行役社長・最高経営責任者）、**イーロン・マスク**（スペースX社共同設立者・CEO）、**松井秀喜**（元メジャーリーガー）、**イチロー**（元メジャーリーガー）、**マツコ・デラックス**（タレント）、**松本潤**（嵐）、**岡村隆史**（芸人）、**藤原紀香**（俳優）、**大竹しのぶ**（俳優）、**ホイットニー・ヒューストン**（歌手）、**ロナウジーニョ**（元プロサッカー選手）　**など**

α3 ジーニアスは だいたいこんな人

特徴

型にはまった生活を嫌い、変化にとんだ気楽さを楽しみたい自由人
自由奔放を望みながらも安心したい気持ちも同居している
思い立ったらすぐに行動する
とっさの状況判断能力がすぐれている
意外とさびしがり屋
束縛されず、ひらめきと直感を大切にしながら
最大限の可能性を追求していく

嫌いなこと

- 束縛されること
- ワクにはめられること
- プライバシーを侵害されること
- 長話をされること
- 退屈すること
- ガミガミしかられること
- 待たされること
- 察してくれないこと

好きなこと

- 自由気ままに出かけること
- 自分の時間を楽しむこと
- 創意工夫をすること
- 無から有を生み出すこと
- カンを働かせてかっこよく対応する
- ワクワク、ドキドキすること

物事を判断するための基準

- 感性が鋭いか
- 察しがいいか
- イメージを具現化する処理能力があるか
- 手際がいいか
- 一本気な面があるか
- 機転がきくか
- 夢中になれるか
- スリルを感じられるか

自分らしいと感じる環境

- 権威に満ちた不安のない環境
- 束縛されない自由な環境
- 変化とスリルがある活動的な環境
- 人とは違う面白さに夢中になれる環境
- 自由気ままに出かけて一人の時間をもてる環境

やる気が出ること

- そのときの気分で自由に行動させてもらえること
- まかせられて好きにやらせてもらえること
- 権威が感じられること
- 表彰状や感謝状がもらえること

得意分野

- 物事が世の中に広まる可能性を敏感に察知し展開の方法を考える分野
- すぐに展開できるように組織化、システム化を図る分野
- 頭を使って何が売れるのかを考え、誰もが認める権威をもたせたり大組織にするような分野

このタイプの人への対応方法

- 直観を頼りにする
- 素早い状況判断を心がける
- ムードを大切にして察して答える
- 特別扱いをする
- 忘れっぽいことを理解する
- 短時間でポイントを伝える
- 感覚と理論の思考が同時にあることを理解する

他人にストレスを与えてしまうこと

- わかったと言いながら後で聞いていないと平気で言う
- 同じ言葉を繰り返したり、説明が細かかったりするため話が長い
- 行く先を告げずに出かけ、行方がわからなくなる

よく見られる行動パターン

- 一瞬で考えて体がすぐに動く
- 足取りがつかめないことがある
- 乗せられるとすぐにかって出る
- 目上の人には礼儀正しい
- 家ではリラックス、外ではかっこよく
- 初対面でもすぐに打ちとけて愛想よく調子を合わせる

意識しやすい言葉

- 「さえていますね」
- 「ワクワク、ドキドキしますね」
- 「スリルがありますよ」
- 「すぐに問題解決できます」
- 「自由にやってください」
- 「安心してください」
- 「手際がいいですね」
- 一本気

α3 ジーニアス

体験談

※［　］内は、センターシード・フェイスシード・エマージェンシーシードの順

行方不明者として心配されることが……

桜井時雄さん（仮名）［α3・β3・θ3］

「会社の飲み会や研修会など同じ空間に同じメンバーで長時間一緒にいることがつらくなります。拘束されている感じがするので隙を見てその場を離れることも。誰かに断って出ることはないので、ときに行方不明者として心配されたりしますが、α3はそんな人と放置してもらえるとありがたいのですが……」

“カン”で仕事を選んでうまくいく

春日玄さん（仮名）［α3・α3・θ2］

「第一印象をとても大切にしています。**『いいな！』と感じたものは仕事でもうまく**いきますし、『うーん』と感じたものはやっぱりうまくいかない。『どうやって仕事を選んでるの？』とよく聞かれるのですが、“カン”としか言いようがなくてうまく説明できずに困っています」

台風の日に傘もささずに外に飛び出す

上村隼人さん（仮名）［α3・β4・θ4］

「その日の**天気が行動を左右**することが多いです。天気がいいと気分もよくなりますし、雨だと適当な言い訳をしてでも約束をキャンセルしがち。ただ、台風並みの豪雨やドカ雪になると、気持ちが急にワクワクしだして外出したくなるんです。何かイベントに参加するときの気分と似ているかも。そういえば、**台風の日に傘もささずに外に飛び出て**、親によく怒られる子だった記憶が……」

人生は自由であることが何より大事

井田莉愛さん（仮名）［α3・θ4・β4］

「何かに縛られる生活は生きている気がしません。何よりワクワク、ドキドキできること、**自由であることが私の人生には必要**です」

自由気ままな一人旅が理想的

高沢俊之さん（仮名）［α3・θ4・α4］

「ツアー旅行は楽しめません。**現地集合、現地解散が一番！** さらに言えば、自由気ままにふらりと一人で出かける旅が理想」

なぜか迷子になる率は非常に高い

安東由依さん（仮名）［α3・α4・θ1］

「なぜか自分のいる場所がわからなくなってしまうことがよくあります。**迷子になる率が非常に高い**と自分でも思いますが、決して方向音痴ではありません！」

α4

パーフェクト

権威を重んじ、決して弱音をはかない『すご腕の人』

1を知れば10を知る、弱音をはかないねばり腰が魅力のα4。**ろくに指示もされずに「全部任せた」と言われれば、上手くこなせる能力があります**。そのうえ、周りの人の気持ちを察して行動する面倒見がいい世話女房タイプです。周囲に細かい気配りをして、パーフェクトに振る舞うこともできます。表面上は物静かな印象を与える人が多いでしょう。

豪華絢爛《けんらん》な世界が似合う自分になりたいという思いがあり、**ほめ言葉や特別扱いされることが大好き**です。ですから**α4の人に対しては「ほめて、任せて、またほめる」が基本**です。するとα4自身が自分の能力を伸ばし、どんどん成長していきます。誰にも気づかれずに努力して、驚かすことも得意です。

α4の**最大の困ったところは、あやまらないこと**でしょう。8割のα4はあやまるのがとにかく苦手です。「申しわけありません」「ごめんなさい」という言葉をどうしても言いたくないのかもしれません。ですから自発的な謝罪の言葉を待つのは時間のムダ。頑固一徹な性格の持ち主でもあるので、そのことが少なからず影響しているのでしょう。

実は私の奥さんもα4なのですが、以前、「何かあやまらないよねぇ」と私が言うと、「だって私悪くないもん」と言うのです。その後で、明らかに奥さんがあやまるべきシーンがあったので、指摘をしたところ、「本当よねぇ。本当にそう思う」と……。どうしてもあやまりたくないのでしょうか、同意は謝罪とは違いますが、同意されてしまえば、それ以上は突っ込むこともできませんし、「やられた……」といった感じです。

公私の区別をつけ、礼儀・礼節を重んじる

仕事面では生真面目《きまじめ》で、どんな職種でもそつなく、バリバリとこなします。ただし、100か0か、オールオアナッシングで、**やるときはとことんやるけど、やらないときは全然やらない**という面もあるようです。

権威・権力など、ネームバリューに弱い傾向があり「○○王室御用達」とか「○○大学教授推薦」といった権威づけがあると、安心してその商品を選ぶことができるようです。逆に、専門家でない人にアレコレと指図されることは大嫌いです。

「親しき仲にも礼儀あり」で、**公私の区別など、とてもきちんとしている**のもα4の人の特徴と言えるでしょう。礼儀・礼節に欠ける行動や、プライドを傷つけられることは大嫌

いで、もしそんなことをやってしまうと、昔のことまで思い出してきて、怒りはじめるので注意が必要です。時に重箱の隅をつつくような指摘をすることもありますが、遠慮をして思っていることの半分も言えない側面もあります。そんなα4の遠慮をして言えないところを察してあげると、α4は非常に感謝します。ですからα4には**「頑張れ」と言わないのが基本**です。「いつも頑張っているよね。でも頑張りすぎだよ」などと言われると、とても喜びます。もし、α4の人に何かを頼みたい、動いてほしい場合は、「力を貸してほしい」と素直にお願いするのが一番です。そのうえで、「無理はしなくていいから、ちょっとだけ助けて」といった具合にお願いしてみましょう。

　ともにα4のダウンタウンの松本人志さん（α4・β3・β4）と浜田雅功さん（α4・β2・β4）は、エマージェンシーシードも同じβ4で、フェイスシードは松本さんがβ3、浜田さんがβ2と非常に似た並びのパーソナルシードをもっています。お互いの考えが気持ちの悪いほどわかるので、彼らにしかできない間があります。そもそもα4は**独特の〝間〟がある人が多い**のです。なぜ間をもたせるのかといえば、間をもたせることでさらに注目を浴びることができると理解しているからです。普通の漫才は8ビート、テンポがいいと16ビートになると言いますが、ダウンタウンの漫才は4ビート。引退した島田紳助さんが漫才を辞める決意をさせたと言われるぐらい彼らの漫才は衝撃的だったのです。

男女別の特徴

♂ 男性

物事には徹底的に取り組み完璧を求めるタイプ。完璧を求めるあまり、人にもきびしく接します。実際は面倒見のいい親分肌。礼儀や礼節を大切にし、初対面の第一印象が悪い人を信用しない傾向があります。家では急に甘えん坊になるかわいい面ももっています。

♀ 女性

優雅な気品をもった明るく快活な人柄。芯が強く、負けず嫌いな性格からがむしゃらに努力します。面倒見がいい世話女房気質で、人からの悩み相談にも真剣に向き合います。細かい気配りができるので、一つ言えば細かく指示しなくても何事もうまくこなします。

α4 パーフェクト の適職はこれ!

プロデューサー、警察官、俳優、エンジニア、電気・機械関係、マスコミ関係 など

※外的要因などにより異なる場合もあります。

α4 パーフェクトの有名人

孫正義（ソフトバンクグループ代表取締役会長兼社長）、**ジェフ・ベゾス**（Amazon.com共同創設者兼CEO・取締役会長・社長）、**レイ・クロック**（マクドナルドコーポーレーション創業者）、**樋口廣太郎**（アサヒビール元社長）、**浜田雅功**（芸人）、**松本人志**（芸人）、**田中将大**（メジャーリーガー）、**柴咲コウ**（俳優）、**キアヌ・リーブス**（俳優）、**ニコール・キッドマン**（俳優） など

α4 パーフェクトは だいたいこんな人

特徴

頑固一徹、生真面目でそつがない
バリバリと仕事をこなす
絢爛豪華な世界に似合う自分になりたい
きびしい状況でも弱音をはかない
権威を重んじる
照れるがほめ言葉には弱い
権威性があふれる自分になりたい
やると決めたことは100%完璧を目指す

嫌いなこと

- 礼儀、礼節に欠ける行動をされること
- メンツ、プライドを傷つけられること
- 愚痴を聞かされること
- 手抜きや中途半端な対応をされること
- 専門家以外の人にあれこれ言われること
- せかされること
- 察してくれないこと

好きなこと

- こっそりとやって周囲を驚かすこと
- 気持ちを察しながら仲間の面倒を見ること
- 細かい点にも注意してパーフェクトにすること
- 自信のあることを人前で堂々と披露すること
- 歴史的に価値のあるモノ・コト・ヒトにふれること

物事を判断するための基準

- 安心して任せられるか
- 几帳面かどうか
- かっこいいか
- ねばり強さがあるか
- 威風堂々としているか
- 厳格さが感じられるか
- 謙虚さがあるか
- 専門的な知識が豊富か

自分らしいと感じる環境

- 上下関係がしっかりしている環境
- 憧れの対象がいる環境
- 権威の裏づけがある環境
- 納得できるまで完璧さを追求できる環境
- 時間を好きに使える環境

やる気が出ること

- ほめられ、「全部任せた」と言われること
- 陰の苦労を理解され感謝されること
- 立ててもらえること
- 臨機応変に優先順位を変えられること

得意分野

- 組織や商品に権威性をもたせる分野
- 頭を下げなくてもスピーディに展開できる仕組みを作る分野
- 完璧な組織を作り上げる分野

このタイプの人への対応方法

- 立てる、ほめる
- 権威の裏づけを見せる
- 専門家の意見を教える
- 思っていることを察してあげる

他人にストレスを与えてしまうこと

- 重箱の隅をつつくようなことを言うこと
- 小さなことを大げさに言うこと
- 全部自分でやろうとすること

よく見られる行動パターン

- 自信のあることしか口にしない
- 話し方が丁寧
- 間違いを許せない
- 完璧を求めるあまり細かいことに気がつく
- 謙遜や遠慮のために本心をなかなか言わない
- 弱音をはかない
- 何でも自分でやろうとする

意識しやすい言葉

- 「何か問題はありませんか」
- 「今すぐ解決できます」
- 「私に任せてください」
- 「ありがとうございます」
- 「さすがですね」
- 「完璧ですね」
- 厳格さ、謙虚さ、ねばり強さ、几帳面

α4 パーフェクト

体験談

※［　］内は、センターシード・フェイスシード・エマージェンシーシードの順

後輩に細部まで口うるさく指導しがち

榊原絵里さん（仮名）［α4・β4・θ1］

「後輩の指導は好きだし、面倒もわりと見られるタイプだと思いますが、**完璧主義**なところがあるので、それを後輩にも求めてしまい細部にまで口うるさく言ってしまいがちです。それでも**遠慮して言いたいことの半分も言っていない**のですが、θ1の後輩などにはまったくわかってもらえないようです」

謝罪の言葉が出てこない

大前寛治さん（仮名）［α4・α3・θ3］

「ミスや失敗をしたときに『ちゃんとあやまれ！』とよく言われます。**あやまっているつもり**なのですが、あるとき謝罪の言葉がないことを指摘されてはっと気づいたことがありました。それでもやっぱり謝罪の言葉が出てこない。自分でも不思議なくらいなんですが、本当に出てこないんです」

負けず嫌いで努力は惜しまない

桜庭章さん（仮名）［α4・θ1・θ1］

「昔から私の**負けず嫌い**は有名です。どんなことにも負けたくない気持ちが強いので、負けるぐらいなら、どんなに大変でもそのための苦労や努力はおしみません」

第一印象は重要！

本宮絵里香さん（仮名）［α4・β3・θ2］

「初めて会ったときの**第一印象が悪い相手は、どうしても信用できない**」

「全部任せた!」と言われるとやる気が出る

石垣善成さん（仮名）［α4・β1・α3］

「仕事は細かく指示を出されるより『全部任せた！』と言われるほうがやる気が出て、頑張れます。**こっそり努力して成果を出して周囲を驚かす**、これがベストなスタイル」

「有名大学教授のお墨付き」など権威に弱い

沖博仁さん（仮名）［α4・α2・β3］

「**権威、権力には我ながら弱いと思う**。ハーバード大学A教授お墨付きとか、ノーベル賞受賞B博士推薦などの言葉があるとつい信用しちゃいます」

「親しき仲にも礼儀あり」は基本

内田顕さん（仮名）［α4・α4・θ4］

「礼儀、礼節は人としての基本。いくら親しい間柄であっても、これがない関係はお断りします。上下関係がはっきりした職場のほうが働きやすいと感じています」

センターシード

パーソナルシード＆シードタイプの調べ方

自分のパーソナルシードやシードタイプは、まず124ページからの**「PS換算表」**の生まれ年と生まれ月が交差する部分の数字を見つけてください。次にその数字と生まれた日を足します（足した数が60以上の場合のみ60を引いてください）。足して出た数字を左ページの**「PS対応表」**★マークの列にある数字に照らし合わせれば、パーソナルシードとシードタイプがわかります（対応表で調べられるのはセンターシードのみです）。

換算表で出た数字 ＋ **生まれた日** [− **60**] ＝ **対応表パーソナルシード**

※足した数が60以上の場合のみ60を引く

（例）1998年4月20日生まれの場合。

❶PS換算表の生まれ年と生まれ月の交差した部分にある数字→14

❷14に生まれた日の20を足す→14＋20＝34

❸PS対応表の★マークの列、34の部分→3分類「β」　12タイプ「β1」

換算表に自分の誕生日がない人もこちら！

フェイスシード、エマージェンシーシードの調べ方

右のQRコードを携帯電話で読み込み生年月日を入力すれば、センターシード、フェイスシード、エマージェンシーシードの3つすべてが一度に調べられます。そのほかhttps://personalseed-search.com/から「パーソナルシード診断サイト」を閲覧可能です。

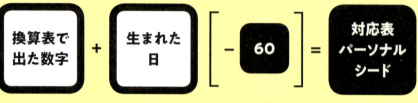

PS対応表

★	3分類	12タイプ	★	3分類	12タイプ
1	α	α1	31	α	α2
2	θ	θ4	32	θ	θ3
3	β	β1	33	β	β2
4	β	β2	34	β	β1
5	θ	θ1	35	θ	θ2
6	β	β4	36	β	β3
7	α	α1	37	α	α2
8	θ	θ4	38	θ	θ3
9	β	β1	39	β	β2
10	β	β2	40	β	β1
11	θ	θ3	41	θ	θ4
12	α	α2	42	α	α1
13	β	β3	43	β	β4
14	θ	θ2	44	θ	θ1
15	β	β1	45	β	β2
16	β	β2	46	β	β1
17	θ	θ3	47	θ	θ4
18	α	α2	48	α	α1
19	β	β3	49	β	β4
20	θ	θ2	50	θ	θ1
21	α	α3	51	α	α4
22	α	α3	52	α	α4
23	θ	θ2	53	θ	θ1
24	β	β3	54	β	β4
25	β	β3	55	β	β4
26	θ	θ2	56	θ	θ1
27	α	α3	57	α	α4
28	α	α3	58	α	α4
29	θ	θ2	59	θ	θ1
30	β	β3	60	β	β4

PS換算表

生まれ年	1月	2月	3月	4月	5月	6月	7月	8月	9月	10月	11月	12月
1944	0	31	0	31	1	32	2	33	4	34	5	35
1945	6	37	5	36	6	37	7	38	9	39	10	40
1946	11	42	10	41	11	42	12	43	14	44	15	45
1947	16	47	15	46	16	47	17	48	19	49	20	50
1948	21	52	21	52	22	53	23	54	25	55	26	56
1949	27	58	26	57	27	58	28	59	30	0	31	1
1950	32	3	31	2	32	3	33	4	35	5	36	6
1951	37	8	36	7	37	8	38	9	40	10	41	11
1952	42	13	42	13	43	14	44	15	46	16	47	17
1953	48	19	47	18	48	19	49	20	51	21	52	22
1954	53	24	52	23	53	24	54	25	56	26	57	27
1955	58	29	57	28	58	29	59	30	1	31	2	32
1956	3	34	3	34	4	35	5	36	7	37	8	38
1957	9	40	8	39	9	40	10	41	12	42	13	43
1958	14	45	13	44	14	45	15	46	17	47	18	48
1959	19	50	18	49	19	50	20	51	22	52	23	53
1960	24	55	24	55	25	56	26	57	28	58	29	59
1961	30	1	29	0	30	1	31	2	33	3	34	4
1962	35	6	34	5	35	6	36	7	38	8	39	9
1963	40	11	39	10	40	11	41	12	43	13	44	14
1964	45	16	45	16	46	17	47	18	49	19	50	20
1965	51	22	50	21	51	22	52	23	54	24	55	25
1966	56	27	55	6	56	27	57	28	59	29	0	30
1967	1	32	0	31	1	32	2	33	4	34	5	35
1968	6	37	6	37	7	38	8	39	10	40	11	41
1969	12	43	11	42	12	43	13	44	15	45	16	46
1970	17	48	16	47	17	48	18	49	20	50	21	51
1971	22	53	21	52	22	53	23	54	25	55	26	56
1972	27	58	27	58	28	59	29	0	31	1	32	2

生まれ年	1月	2月	3月	4月	5月	6月	7月	8月	9月	10月	11月	12月
1973	33	4	32	3	33	4	34	5	36	6	37	7
1974	38	9	37	8	38	9	39	10	41	11	42	12
1975	43	14	42	13	43	14	44	15	46	16	47	17
1976	48	19	48	19	49	20	50	21	52	22	53	23
1977	54	25	53	24	54	25	55	26	57	27	58	28
1978	59	30	58	29	59	30	0	31	2	32	3	33
1979	4	35	3	34	4	35	5	36	7	37	8	38
1980	9	40	9	40	10	41	11	42	13	43	14	44
1981	15	46	14	45	15	46	16	47	18	48	19	49
1982	20	51	19	50	20	51	21	52	23	53	24	54
1983	25	56	24	55	25	56	26	57	28	58	29	59
1984	30	1	30	1	31	2	32	3	34	4	35	5
1985	36	7	35	6	36	7	37	8	39	9	40	10
1986	41	12	40	11	41	12	42	13	44	14	45	15
1987	46	17	45	16	46	17	47	18	49	19	50	20
1988	51	22	51	22	52	23	53	24	55	25	56	26
1989	57	28	56	27	57	28	58	29	0	30	1	31
1990	2	33	1	32	2	33	3	34	5	35	6	36
1991	7	38	6	37	7	38	8	39	10	40	11	41
1992	12	43	12	43	13	44	14	45	16	46	17	47
1993	18	49	17	48	18	49	19	50	21	51	22	52
1994	23	54	22	53	23	54	24	55	26	56	27	57
1995	28	59	27	58	28	59	29	0	31	1	32	2
1996	33	4	33	4	34	5	35	6	37	7	38	8
1997	39	10	38	9	39	10	40	11	42	12	43	13
1998	44	15	43	14	44	15	45	16	47	17	48	18
1999	49	20	48	19	49	20	50	21	52	22	53	23
2000	54	25	54	25	55	26	56	27	58	28	59	29
2001	0	31	59	30	0	31	1	32	3	33	4	34

生まれ年	1月	2月	3月	4月	5月	6月	7月	8月	9月	10月	11月	12月
2002	5	36	4	35	5	36	6	37	8	38	9	39
2003	10	41	9	40	10	41	11	42	13	43	14	44
2004	15	46	15	46	16	47	17	48	19	49	20	50
2005	21	52	20	51	21	52	22	53	24	54	25	55
2006	26	57	25	56	26	57	27	58	29	59	30	0
2007	31	2	30	1	31	2	32	3	34	4	35	5
2008	36	7	36	7	37	8	38	9	40	10	41	11
2009	42	13	41	12	42	13	43	14	45	15	46	16
2010	47	18	46	17	47	18	48	19	50	20	51	21
2011	52	23	51	22	52	23	53	24	55	25	56	26
2012	57	28	57	28	58	29	59	30	1	31	2	32
2013	3	34	2	33	3	34	4	35	6	36	7	37
2014	8	39	7	38	8	39	9	40	11	41	12	42
2015	13	44	12	43	13	44	14	45	16	46	17	47
2016	18	49	18	49	19	50	20	51	22	52	23	53
2017	24	55	23	54	24	55	25	56	27	57	28	58
2018	29	0	28	59	29	0	30	1	32	2	33	3
2019	34	5	33	4	34	5	35	6	37	7	38	8
2020	39	10	39	10	40	11	41	12	43	13	44	14
2021	45	16	44	15	45	16	46	17	48	18	49	19
2022	50	21	49	20	50	21	51	22	53	23	54	24
2023	55	26	54	25	55	26	56	27	58	28	59	29
2024	0	31	0	31	1	32	2	33	4	34	5	35
2025	6	37	5	36	6	37	7	38	9	39	10	40
2026	11	42	10	41	11	42	12	43	14	44	15	45
2027	16	47	15	46	16	47	17	48	19	49	20	50
2028	21	52	21	52	22	53	23	54	25	55	26	56
2029	27	58	26	57	27	58	28	59	30	0	31	1
2030	32	3	31	2	32	3	33	4	35	5	36	6

パーソナルシード入門 WEB講座のご紹介

【PS入門WEB講座】https://www.personalseed.online/

本書をご購入くださった皆様、最後までお読みいただき、ありがとうございます。今回ご紹介したパーソナルシードをさらにわかりやすく、楽しく学んでいただくことができる、パーソナルシード入門WEB講座をご用意いたしました。

パーソナルシード入門WEB講座は、今回知ったパーソナルシード3タイプ（θ、β、α）を、人気講師　名倉 正グランドマスターコンサルタントの楽しく、ためになる動画とテキストを見ながら、ご自宅でさらに詳しく学習することができます。本だけでは伝わりきらなかった、パーソナルシードの魅力をご説明いたします!!

さらに、パーソナルシード入門WEB講座を受講後、あなたのお友達をパーソナルシード入門WEB講座にご紹介いただくと、特典があります（お申込みの際にお友達のフルネーム記載必須）。

PS入門WEB講座はこんな方におすすめ！

- 忙しくて実際の講座に参加するのが難しい方
- 育児や介護があって講座に参加するのが難しい方
- 人事担当の方
- 会社の人材管理マネジメントをされている方
- 資格を取りたい方
- ご自宅で講座を受講したい方

まずは、パーソナルシード入門WEB講座をお試しください。

受講に必要なもの

- PC（要ネット環境）
- プリンター（必要な方のみ）

その他、PSベーシック講座・コーチ養成講座・マスターコーチ養成の講座も開催されております。講座開催情報については以下URLよりご確認ください。

【PS公式HP講座情報一覧】https://www.personalseed.com/topics

[著者紹介]

名倉　正（なぐら・ただし）

パーソナルシードグランドマスターコンサルタント、引き寄せ大学 学長、作家、マネーコーチとして全国で年間100回以上、13年間で延べ10万人以上に研修・講演を行う人気講師。ドイツ、オーストラリア、アメリカ、香港、韓国、台湾など世界各国においてスタンディングオベーションを起こすグローバルな講演家。

起業家としてもグループ年商30億円を達成。韓国の高麗大学にて成幸法則の講演など、教育機関でも講演を行う。

YouTubeでは、引き寄せの法則をわかりやすく解説する「ナグちゃんねる」を主催し、チャンネル登録者数は数万人に上る。

お金と引き寄せのマスターとして、また、悩める女性を幸せにする恋愛ファシリテーターとしても活躍。

著書に『マネーコーチング』『ハッピーバイブル・成功への未来予想図』ほか全12冊。


悪用厳禁!!

ほんとは誰にも教えたくない人間関係のトリセツ

2019年9月2日　第1刷発行
2023年9月1日　第2刷発行

著　者　名倉 正
発行者　唐津 隆
発行所　株式会社ビジネス社

〒162-0805　東京都新宿区矢来町114番地 神楽坂高橋ビル5F
電話　03(5227)1602　FAX　03(5227)1603
https://www.business-sha.co.jp

〈カバーデザイン〉金子眞枝
〈イラスト〉森海里
〈本文組版〉茂呂田剛（エムアンドケイ）
〈印刷・製本〉シナノ パブリッシング プレス
〈編集担当〉本田朋子　〈営業担当〉山口健志

ISBN978-4-8284-2125-4